GPM Deutsche Gesellschaft für Projektmanagement /
Michael Gessler (Hrsg.)

Kompetenzbasiertes Projektmanagement (PM3)

Handbuch für die Projektarbeit, Qualifizierung und Zertifizierung
auf Basis der IPMA Competence Baseline Version 3.0 / unter Mitwirkung der
spm swiss project management association

Bibliografische Information der Deutschen Nationalbibliothek
Die Deutsche Nationalbibliothek verzeichnet diese Publikation in der Deutschen Nationalbibliografie; detaillierte bibliografische Daten sind im Internet über http://dnb.d-nb.de abrufbar.

Dieses Werk ist urheberrechtlich geschützt. Alle Rechte, auch die der Übersetzung, des Nachdrucks und der Vervielfältigung des Buches – oder Teilen daraus – sind vorbehalten. Kein Teil des Werks darf ohne schriftliche Genehmigung des Verlags in irgendeiner Form (Fotokopie, Mikrofilm oder andere Verfahren), auch nicht zum Zwecke der Unterrichtsgestaltung, reproduziert oder unter Verwendung elektronischer Systeme verarbeitet, vervielfältigt oder verbreitet werden.

Für alle in diesem Werk verwendeten Warennamen sowie Firmen- und Markenbezeichnungen können Schutzrechte bestehen, auch wenn diese nicht als solche gekennzeichnet sind. Deren Verwendung in diesem Werk berechtigt nicht zu der Annahme, dass diese frei verfügbar sind.

Die DIN-Normen im Fachbuch PM3 sind wiedergegeben mit Erlaubnis des DIN Deutsches Institut für Normung e.V. Maßgebend für das Anwenden der DIN-Norm ist deren Fassung mit dem neuesten Ausgabedatum, die bei der Beuth Verlag GmbH, Burggrafenstraße 6, 10787 Berlin, erhältlich ist.

Layout, Satz und Grafikgestaltung: mbon Designabteilung. Umschlaggestaltung: mbon Designabteilung. Titelbild: Schultze. Walther. Zahel. Kommunikationsagentur & GPM. Druck und Bindung: Labude. corporate products.

GPM-Homepage: http://www.gpm-ipma.de
spm-Homepage: http://www.spm.ch
PM3-Feedback: http://www.gpm-pm3.de
PM3 als E-Book: http://www.ciando.com

ISBN 978-3-924841-40-9 (Hardcover)
ISBN 978-3-924841-45-4 (E-Book)

1. Auflage, 2009, 1-2000
2. Auflage, 2009, 2001-5000
3. Auflage, 2010, 5001-8000
4. Auflage. 2011, 8001-12000
5. Auflage, 2012, 12001-16000

© 2012 GPM Deutsche Gesellschaft für Projektmanagement e.V., Frankenstraße 152, 90461 Nürnberg (Deutschland / Europäische Union).

Inhaltsverzeichnis Kompetenzbasiertes Projektmanagement (PM3)

Inhaltsverzeichnis GPM | PM3 | Band 1   5

Inhaltsverzeichnis GPM | PM3 | Band 2   18

Inhaltsverzeichnis GPM | PM3 | Band 3   30

Inhaltsverzeichnis GPM | PM3 | Band 4   43

Literaturverzeichnis Übersicht   53

Stichwortverzeichnis   61

Autorenprofile   70

Inhaltsverzeichnis Band 1

1.00a Projekte, Projektmanagement und PM-Prozesse — 27
- 1 Projekte und Projektmanagement — 27
- 1.1 Definition Projekt — 27
- 1.2 Definition Projektmanagement — 29
- 1.3 Differenzierung von Projekten und Projektmanagement — 30
- 2 Projektmanagement-Prozesse — 31
- 2.1 Prozessorientierung im Projektmanagement — 32
- 2.2 Prozessmodell der DIN 69901 — 34
- 2.3 Praktische Umsetzung des Prozessmodells — 38
- 2.4 Projektmanagement-Prozesse und Kompetenzanforderungen — 40

1.00b Projektarten — 43

1.01 Projektmanagementerfolg (Project management success) — 53
- 1 Einleitung — 56
- 2 Was bedeutet Projektmanagementerfolg? — 56
- 2.1 Was ist Erfolg? — 56
- 2.2 Was ist Projekterfolg? — 57
- 2.3 Was ist Projektmanagementerfolg? — 58
- 3 Ansatz der Erfolgsfaktorenforschung — 59
- 3.1 Der betriebswirtschaftliche Erfolgsfaktorenansatz — 59
- 3.2 Der Erfolgsfaktorenansatz im Projektmanagement — 60
- 4 Vertrags- und Nachforderungsstrategie — 64
- 5 Zusammenfassung — 65
- 6 Fragen zur Wiederholung — 65

1.02 Interessengruppen / Interessierte Parteien (Interested parties) — 67
- 1 Praxisrelevanz — 71
- 1.1 Begriffsklärung — 71
- 1.2 Einordnung in das Projektmanagement — 72
- 1.3 Projektumfeldfaktoren — 74
- 1.4 Stakeholder-, Chancen- und Risikenmanagement — 75
- 2 Stufen des Stakeholder-Managements — 77
- 2.1 Identifikation — 78
- 2.2 Information und Analyse — 80
- 2.3 Aktionsplanung — 83
- 2.3.1 Projektmarketing als Bestandteil des Stakeholdermanagements — 85
- 2.3.2 Methoden der Einflussnahme — 86
- 2.4 Monitoring — 89
- 3 Fragen zur Wiederholung — 90
- 4 Zusammenfassung — 91
- 5 Anhang: Tabellen und Checklisten — 92

1.03 Projektanforderungen und Projektziele (Project requirements & objectives) — 99
- 1 Begriffsklärung „Ziel" — 101
- 1.1 Zielgrößen — 101
- 1.2 Zielfunktionen — 102
- 1.3 Ergebnis- und Vorgehensziele — 103
- 1.4 Meilensteine — 104
- 1.5 Zielkonkurrenz und Zielpriorität — 104
- 1.6 Zielbeziehungen und Zielverträglichkeiten — 106
- 2 Ziele ermitteln, bewerten und priorisieren — 109

2.1	Zielhierarchie und Bildung von Unterzielen	109
2.2	Zieldokumentation	111
2.3	Bewertungsmethoden für Ziele - Nutzwertanalyse	112
2.4	Zusammenarbeit im Projekt	115
2.5	Projektziele, Strategie und Unternehmensziele	115
2.6	Zentrale Prozesse im Projektverlauf gemäß DIN 69901:2009	118
3	Zieleigenschaften und Zielformulierungen	119
3.1	Zieleigenschaften – Anforderungen an gute Ziele	119
3.2	Zielformulierungen – Regeln für gute Formulierungen	120
4	Fragen zur Wiederholung	122
1.04	**Risiken und Chancen (Risk & opportunity)**	**123**
1	Einleitung	126
2	Definition und Identifikation von Risiken und Chancen	126
2.1	Begriffsbestimmungen	126
2.2	Systematisches Vorgehen	128
2.3	Risikoidentifikation	129
2.3.1	Checklisten	130
2.3.2	Fragelisten	130
2.3.3	Kreativitätstechniken	131
2.3.4	Nominale Gruppentechnik	132
2.3.5	Weitere Methoden	132
2.4	Stakeholderanalyse	133
3	Analyse und Bewertung von Risiken und Chancen	134
3.1	Tolerierbare und nicht tolerierbare Risiken	135
3.2	Qualifizierte Bewertungen	135
3.3	Erkenntnisse aus qualifizierter Bewertung und Risikoportfolio	136
3.4	Quantifizierte Bewertungen	137
3.5	Erkenntnisse aus quantifizierter Bewertung und aus einer Tragweiten- und Wahrscheinlichkeits-Matrix	140
4	Planung und Bewertung von Maßnahmen	142
4.1	Maßnahmenplanung nach dem Ausschlussverfahren	142
4.2	Ergänzungen zum Ausschließen von Risiken	144
4.3	Maßnahmenanalyse und -bewertung	146
4.4	Ergänzung des Risikoportfolios	147
5	Überwachung und Auswertung	149
5.1	Verantwortung und Überwachung	149
5.2	Auswertung am Projektende und Zusatznutzen	151
6	Zusammenfassung	152
7	Fragen zur Wiederholung	153
1.05	**Qualität (Quality)**	**155**
1	Einleitung	158
1.1	Standortbestimmung	158
1.2	Begriffe und Definitionen	158
2	Wirkungsbereiche für Qualitätsmanagement im Projekt	162
2.1	Produktqualität	163
2.1.1	Branchenbedingte Anforderungen	163
2.1.2	Umsetzung der Kundenanforderungen	164
2.1.3	Vermeidung von Risiken und Fehlern	165
2.1.4	Leitende Fragen	165
2.2	Qualität der Produktrealisierungsprozesse	166
2.2.1	Teilprozesse der Produktrealisierung	166
2.2.2	Branchenvorgaben	166

2.2.3	Generelle Anforderungen	167
2.2.4	Leitende Fragen	168
2.3	Qualität der Projektmanagement Prozesse	168
2.3.1	Generelle Anforderungen	168
2.3.2	Lieferanten-Management	169
2.3.3	Leitende Fragen	170
2.4	Qualität des Projektteams	170
2.4.1	Generelle Anforderungen	170
2.4.2	Leitende Fragen	171
2.5	Überprüfung und Bewertung der Projektqualität	171
2.5.1	Projekt- und Projektmanagement-Audits	171
2.5.2	Project Excellence Awards	172
2.5.3	Projekt- und Phasen-Reviews	172
2.6	Einsatz von QM-Werkzeugen	172
3	Qualitätsmanagement als Teil der Projektplanung	176
3.1	Teilaufgaben und Arbeitspakete im Projektstrukturplan	176
3.2	Qualitäts-Kosten	178
4	Zusammenfassung	180
5	Fragen zur Wiederholung	181

1.06 Projektorganisation (Project organisation) — 183

1	Einleitung	187
2	Grundlegende Begriffe	191
3	Projektbeteiligte	194
3.1	Unmittelbar Projektbeteiligte	195
3.1.1	Auftraggeber und Auftragnehmer	195
3.1.2	Lenkungsausschuss/Steuerungsgremium	197
3.1.3	Projektleitung	198
3.1.4	Projektmitarbeiter	200
3.2	Mittelbar Projektbeteiligte	201
3.3	Organisatorische Anbindung	204
4	Formen der Projektorganisation	206
4.1	Einfluss-Projektorganisation	206
4.2	Autonome Projektorganisation	207
4.3	Matrix-Projektorganisation	208
4.4	Projektorientiertes Unternehmen	210
4.5	Schnittstellen zur Stammorganisation	211
4.6	Wahl der Form der Projektorganisation	213
5	Zusammenfassung	215
6	Fragen zur Wiederholung	216

1.07 Teamarbeit (Teamwork) — 217

1	Einführung	220
2	Grundlagen- und Begriffbestimmung	220
3	Vor- und Nachteile von Teamarbeit	221
4	Team und Teamentwicklungsaspekte	223
4.1	Teamfähigkeit	225
4.2	Leitungsspanne	226
4.3	Teamkommunikation	227
4.4	Teammeetings effektiv gestalten	229
4.5	Moderation	231
5	Stufen der Teamentwicklung	238
5.1	Phasenmodell nach Tuckman	238

5.2	Phasenmodell Gersick (Punctuated-Equilibrium-Modell)	241
6	Besondere Teameffekte	242
6.1	Groupthink	242
6.2	Social Loafing	243
6.3	Risk shifting	245
7	Prozessmodell der Teamarbeit	246
8	Teamrollen	248
8.1	Rollenmodell Belbin	250
9	Zusammenfassung	256
1.08	**Problemlösung (Problem resolution)**	**259**
1	Konkrete Beispiele von Projektproblemen	262
1.1	Täglich erlebte Beispiele	262
1.2	Die Hierarchie der Probleme	263
1.3	Die immer schwierigere Situation	264
2	Das Problem als Herausforderung	265
2.1	Was ist ein Problem?	265
2.2	Problemarten und ihre Eigenschaften	268
2.3	Probleme, Krisen, Risiken und Konflikte	269
2.4	Die Wirkung von Problemen	270
3	Der Problemlösungs-Prozess	271
3.1	Grundüberlegungen	271
3.2	Ziele und Randbedingungen der Problemlösung	275
3.3	Der systematische Prozess im Überblick	276
3.4	Die Verantwortung für die Problemlösung	279
4	Die Klärungsphase	281
4.1	Das Problem eindeutig beschreiben	281
4.2	Die notwendigen Informationen sammeln	283
4.3	Die Ursachen analysieren	284
4.4	Pareto-Diagramm, ABC-Analyse	287
4.5	Paarweiser Vergleich	289
4.6	Problemnetz	290
5	Die Problemlösung finden	292
5.1	Lösungen kreativ erarbeiten	292
5.2	Lösungen bewerten und priorisieren	294
5.3	Über die Lösung entscheiden	295
5.4	Nutzwert-Analyse	296
6	Die Realisierungsphase	298
6.1	Der Maßnahmenplan	298
6.2	Die Lösung umsetzen	298
6.3	Die Wirkung überprüfen	299
6.4	Lessons Learned	300
7	Zusammenfassung	300
8	Fragen zur Wiederholung	301
1.09	**Projektstrukturen (Project structures)**	**303**
1	Einführung	306
1.1	Bedeutung der Projektstrukturierung	306
1.2	Einordnung der Projektstrukturierung	307
1.3	Definition wichtiger Begriffe	308
2	Systematik der Aspekte für Projektstrukturen	309
2.1	Eindimensionale Projektstrukturen	309
2.2	Mehrdimensionale Projektstrukturen	310

2.3	Strukturen schaffen Ordnung	311
2.4	Strukturen und strukturierte (Projekt-) Elemente	312
2.5	Grundlegende Aspekte und Strukturen	313
3	Aufbau von Projektstrukturplänen	317
4	Gliederungsprinzipien der Projektstrukturierung	319
5	Bildung von Arbeitspaketen	321
6	Schlüsselsysteme und Codierung	323
7	Methodisches Vorgehen der Strukturierung	325
8	Zusammenfassung	327
9	Fragen zur Wiederholung	327

1.10 Leistungsumfang und Lieferobjekte (Scope & deliverables) — 329

1	Einleitung	332
2	Der Kunde	333
3	Der Begriff Leistungsumfang	334
3.1	Leistungsumfang aus Produkt-Sicht	334
3.2	Leistungsumfang aus Prozess-Sicht	335
3.3	Leistungsumfang und Qualität	336
3.4	Leistungsumfang und Anforderungen	336
4	Vorgehen zur Definition des Projekt-Leistungsumfangs	337
4.1	Auf Basis des Projektlebenswegs	338
4.2	Nach Kundenvorgaben	339
4.3	Bei noch unbekanntem Leistungsumfang	339
4.4	Ausschlüsse im Leistungsumfang	340
5	Beschreibung des Leistungsumfangs	340
5.1	Lastenheft	340
5.2	Pflichtenheft	342
5.3	Projektsteckbrief	343
6	Änderungen im Leistungsumfang	344
7	Lieferobjekte bzw. Liefergegenstände	346
8	Zusammenfassung	347
9	Fragen zur Wiederholung	348

1.11a Projektphasen (Project phases) — 349

1	Grundlagen	351
1.1	Projektmanagementphasen und Projektphasen	352
1.2	Meilensteine und Gates	353
1.3	Phasenplan	354
1.4	Phasenmodelle	355
1.5	Vorgehensmodelle	358
1.6	Lebenszyklusmodelle	360
1.7	Projektstrukturplan	360
2	Flexibilisierung	361
2.1	Phasenübergänge und Meilensteine	361
2.2	Modellfamilien	361
3	Fragen zur Wiederholung	365

1.11b Ablauf und Termine (Time) — 367

1	Einführung	370
2	Prozessschritte der Ablauf- und Terminplanung	370
2.1	Vom Phasenplan über den Projektstrukturplan zum Ablaufplan	370
2.2	Festlegung der technologischen Reihung von Vorgängen	372
2.3	Überführung des Ablaufplans in den Terminplan	372
2.4	Ermittlung des Ressourcenbedarfs und Ressourcenabgleich	372

2.6	Verabschiedung des Ausführungsplans	373
2.7	Termincontrolling – Projektcontrolling	374
3	Netzplantechnik als Werkzeug zur Planung, Steuerung und Überwachung von Terminen, Einsatzmitteln und Kosten	375
3.1	Grundbegriffe der Netzplantechnik	375
3.2	Vorgangsknoten-Netzplantechnik (VKN)	376
3.2.1	Grafische Darstellung und Darstellungselemente	376
3.2.2	Anordnungsbeziehungen im Vorgangsknoten-Netzplan	378
3.2.3	Minimale und maximale Zeitabstände	379
3.2.4	Mehrere Anordnungsbeziehungen zwischen Vorgänger und Nachfolger	383
3.2.5	Berechnung der Termine	383
3.2.6	Berechnung der zeitlichen Spielräume (Puffer) und des Kritischen Wegs	387
3.3	Kalendrierung	392
3.3.1	Kalenderarten	392
3.3.2	Verwendung mehrerer Kalender in einem Projekt	392
3.3.3	Terminierung mit dem Gregorianischen Kalender	392
3.4	Feste Anfangs- und Endtermine, Wunschtermine	393
4	Praktische Hinweise zur Netzplanerstellung	394
4.1	Detaillierungsgrad	394
4.2	Einfache Arbeitstechniken	395
5	Softwareunterstützung	397
6	Darstellungsformen	397
7	Zusammenfassung	398
8	Fragen zur Wiederholung	399
1.12	**Ressourcen (Resources)**	**401**
1	Ein vernachlässigtes Managementgebiet	404
1.1	Der Mensch im Mittelpunkt	404
1.2	Spiel zwischen Angebot und Nachfrage	404
1.3	Stiefkind der Managementlehre	405
1.4	Warum nicht schon längst eine Selbstverständlichkeit?	405
1.5	Ressourcenmanagement wird zu einem Muss	406
1.6	Chance für die Integration zweier Management-Disziplinen	406
2	Grundlagen und Dimensionen der Ressourcenplanung	407
2.1	Ressourcenplanung im Kontext der Projektplanung	407
2.2	Arten von Ressourcen	407
2.3	Die drei Hauptdimensionen – Was, Wer, Wann	408
2.4	Die zwei Sichten: Management versus Projektleiter	409
2.5	Einfluss der Organisationsform und des Auslastungsgrades	410
3	Ziele und Nutzen des Ressourcenmanagements	411
4	Mechanik der Ressourcenplanung	414
4.1	Überblick	414
4.2	Bearbeitungsaufwand schätzen	415
4.3	Kapazitäten ermitteln	416
4.4	Aufwände einlasten	418
4.5	Belastungsabgleich auf Stufe Einzelprojekt	419
4.6	Einlastung und Belastungsabgleich in der Multiprojekt-Situation	422
5	Ressourcenplanung aus Sicht des Projektleiters	424
6	Überwachung und Steuerung des Ressourceneinsatzes	426
6.1	Aufwanderfassung	427
6.2	Arbeitsfortschritt und Restaufwandschätzung	427
6.3	Analyse	427
6.4	Steuerung	428

6.5	Lernen für die Zukunft	429
7	Zusammenfassung	429
8	Fragen zur Wiederholung	430
1.13	**Kosten und Finanzmittel (Cost & finance)**	**431**
1	Einführung und Grundbegriffe	434
2	Projektkostenrechnung	435
2.1	Kostenartenrechnung	436
2.2	Kostenstellenrechnung	438
2.3	Kostenträgerrechnung	440
2.3.1	Projektkalkulation	440
2.3.2	Projekterfolgsrechnung	442
3	Aufwandsschätzung	444
3.1	Expertenschätzungen	446
3.2	Analogiemethoden	448
3.3	Prozentsatzmethode	450
3.4	Parametrische Schätzsysteme	451
3.5	Bereichsschätzungen	453
4	Kostenplanung und Budgetierung	454
5	Kostencontrolling	458
5.1	Bestimmung der aktuellen Kostensituation	458
5.1.1	Plankosten	458
5.1.2	Istkosten	459
5.1.3	Probleme der Kostenerfassung	460
5.2	Plan- und Soll-Ist-Vergleiche	460
5.3	Abweichungsursachen und Steuerungsmaßnahmen	462
6	Zusammenfassung	464
7	Fragen zur Wiederholung	464
8	Checkliste	465
1.14a	**Beschaffungsprozess (Procurement)**	**467**
1	Einleitung	469
2	Bedeutung der Beschaffung	469
2.1	Aufgaben der Beschaffung	469
2.2	Ziele der Beschaffung	471
3	Ablauf des Beschaffungsprozesses: Überblick	471
4	Ermittlung der Bedarfsmengen	472
5	Lieferantensuche und -analyse	473
5.1	Lieferantensuche	474
5.2	Lieferantenanalyse	474
5.2.1	Lieferantenselbstauskunft	474
5.2.2	Befragung von Referenzkunden	476
5.2.3	Lieferantenaudit	476
5.2.4	Erstmusterprüfung	476
6	Angebotsbearbeitung	477
6.1	Einholung von Angeboten	477
6.2	Prüfung von Angeboten	477
6.3	Angebotsvergleich	478
6.3.1	Gesamtbewertung der Angebote	478
6.3.2	Preisbewertung	479
7	Verhandlung und Vertragsabschluss	480
7.1	Verhandlungsvorbereitung	481
7.1.1	Inhaltliche Vorbereitung	481

7.1.2	Organisatorische Vorbereitung	482
7.2	Verhandlungsführung	482
7.3	Verhandlungsnachbereitung	483
8	Bestellung	483
9	Lieferung/Bestellüberwachung	484
9.1	Terminüberwachung	484
9.2	Wareneingang und -kontrolle	484
10	Rechnungsprüfung und Zahlung	485
11	Zusammenfassung	486
12	Fragen zur Wiederholung	487
1.14b	**Die rechtlichen Grundlagen der Beschaffung: Verträge (Contract)**	**489**
1	Einleitung	491
2	Die Art des Vertrags	491
2.1	Kaufvertrag, §§ 433ff BGB	491
2.2	Werkvertrag, §§ 631ff BGB	491
2.3	Dienstvertrag, §§ 611ff BGB	492
2.4	Beschaffung als Einzelvertrag oder langfristiger Vertrag	492
3	Form und Mindestinhalte des Vertrags	493
4	Verhandlungsphase	493
4.1	Elemente eines Vertrags	493
4.2	Vertragsfreiheit	494
4.3	Voraussetzungen eines Angebots im Rechtssinne	494
4.3.1	Notwendiger Inhalt eines Angebots	494
4.3.2	Notwendigkeit eines Rechtsbindungswillens	495
5	Der Vertragsschluss	496
5.1	Formvoraussetzungen	496
5.2	Die Annahme	496
5.2.1	Rechtzeitigkeit der Annahme	496
5.2.2	Verspätete Annahme	498
5.2.3	Veränderungen in der Annahme	498
5.2.4	Vertragsschluss durch bloßes Schweigen?	498
5.2.5	Sonderfall kaufmännisches Bestätigungsschreiben	499
6	Abwicklungsphase	500
6.1	Lieferverzug	500
6.2	Wareneingangskontrolle	501
7	Zusammenfassung	502
8	Fragen zur Wiederholung	503
1.14c	**Vertragsrecht in der Projektarbeit**	**505**
1	Grundlagen des Vertragsrechts im Projekt	507
2	Zustandekommen von Verträgen; kaufmännisches Bestätigungsschreiben	508
3	Stellvertretung, Vollmacht	510
4	Allgemeine Geschäftsbedingungen (AGB) und Formularverträge	511
5	Gesetzliche Vertragstypen	512
6	Leistungsstörungen	513
7	Verjährung	514
8	Vertragsbeendigung	515
9	Vertrags- und Claim-Management	516
9.1	Vertragsmanagement allgemein	516
9.2	Arbeitssystematik im Vertragsmanagement	518
9.3	Vertragsanalyse	518
9.4	Stichworteingabe in EDV	518

9.5	Vertragliche Tätigkeitsverfolgung	519
9.6	Claim-Management, Allgemein	519
9.7	Instrumente	520
9.8	Kosten des Nachforderungsmanagements	520
9.9	Arbeitssystematik im Nachforderungsmanagement	521
10	Zusammenfassung	521
A	Fragen zur Wiederholung	522

1.15 Konfiguration und Änderungen (Changes) — 523

1	Was ist „Projekt-Konfigurationsmanagement"?	526
1.1	Generelles	526
1.2	Projekte, Projektmanagement, Produktentstehung	526
1.3	Konfigurationsmanagement und Änderungssteuerung	528
1.4	Projekt-Konfigurationsmanagement	528
1.5	Fazit	529
2	Warum Konfigurationsmanagement? Bedeutung und Nutzen	530
3	Das generelle Konzept des Konfigurationsmanagements	531
4	Die Architektur des Konfigurationsmanagements (KM) – Was ist KM nun tatsächlich?	532
4.1	Die Architektur der Teildisziplinen	532
4.2	Missverständliche Begriffsbildung und eingeschränktes Handlungsverständnis	535
4.3	Es gibt ein umfassendes Begriffs- und Handlungsverständnis	535
5	Wichtige Teilgebiete des KM im Überblick	536
5.1	Die Konfigurationsidentifizierung KI	536
5.2	Die Konfigurationsüberwachung KÜ – Das Änderungsmanagement	537
5.3	Konfigurationsbuchführung KB (-verfolgung /-nachweis)	539
6	Das Software-Konfigurationsmanagement (SKM) und seine Besonderheiten	540
7	Die Mittlerfunktion des KM – Die Basis einer fachlich-inhaltlichen Projektgestaltung und –abwicklung	541
8	Software für Konfigurationsmanagement (KM)	542
9	Die Querschnittsfunktion des KM – Die Nahtstellen zu den weiteren Elementen das ICB/GPM-Fachbuchs sowie zu weiteren Funktionen	543
9.1	Umfangs- und Inhaltsmanagement im PM (ICB 1.10)	543
9.2	Konfigurationsmanagement und Projektsteuerung (project control oder Projekt-Controlling) (ICB 1.11b, 1.13 und 1.16)	544
9.3	Vertragspartnersituationen und Vertragsmanagement beim Konfigurationsmanagement (ICB 1.14)	546
9.4	Claimmanagement und Konfigurationsmanagement	546
9.5	Konfigurationsmanagement und Projektstrukturierung (ICB 1.09)	547
9.6	Konfigurationsmanagement und Dokumentationsmanagement (ICB 1.17)	547
9.7	Konfigurationsmanagement und Qualitätsmanagement/-sicherung (ICB 1.05)	548
9.8	Konfigurationsmanagement und Schnittstellen- (Interface-) Management	548
9.9	Konfigurationsmanagement und Produktbetreuung	548
9.10	Konfigurationsmanagement und phasenweiser Projektablauf (ICB 1.11a)	549
10	Zusammenfassung	549
11	Fragen zur Wiederholung	550

1.16a Projektcontrolling: Überwachung, Steuerung und Berichtswesen (Control & reports) — 551

1	Einführung	554
2	Grundlagen und Begriffsbestimmungen	555
2.1	Die Bedeutung der Integration	555
2.2	Die PM-Teilprozesse Überwachung und Steuerung	556
2.3	Plan/Soll/Ist-Daten	557
2.4	Was heißt „kontinuierlich" bzw. „regelmäßig"?	558
2.5	Definition des Projektfortschritts	559
2.6	Der Leistungsbegriff	560

2.7	Fortschrittswerte und Fertigstellungswert	561
3	Ermittlung der Ist-Situation	563
3.1	Organisation der Ist-Datengewinnung	564
3.1.1	Abfrage und Rückmeldung	564
3.1.2	Teamorientierte Datengewinnung	565
3.1.3	Beobachtung	566
3.1.4	Projektreview	566
3.2	Welche Ist-Daten sind zu ermitteln?	567
3.2.1	Ergebnis/Leistung	568
3.2.2	Termine	568
3.2.3	Aufwand (Stunden und Kosten)	569
3.2.4	Prozessqualität	571
4	Plan/Soll/Ist – Gegenüberstellung, Vergleich und Abweichung	572
4.1	Grundsätzliches	572
4.2	Plan/Soll/Ist-Vergleich Leistung (Ergebnisse)	573
4.3	Plan/Soll/Ist-Vergleich Termine	573
4.4	Plan/Soll/Ist-Vergleich Aufwand	574
4.5	Stichtagsbezogener Plan/Soll/Ist-Vergleich Kosten	575
4.6	Abweichungsanalyse	577
5	Prognosen und Trends	578
5.1	Überblick	578
5.2	Meilenstein-Trendanalyse (MTA)	579
5.3	Aufwand-Trendanalyse (ATA)	580
5.4	Kosten-Trendanalyse (KTA)	581
6	Steuerung und Berichterstattung	582
6.1	Steuerungsmaßnahmen	582
6.2	Der Steuerungsprozess	583
6.3	Berichterstattung im Projekt	584
6.4	Der Projektstatusbericht	584
6.5	Die Projektstatusbesprechung	586
7	Erfahrungssicherung („Lessons Learned")	586
8	Zusammenfassung	587
9	Fragen zur Wiederholung	588
10	Checkliste	589
1.16b	**Projektcontrolling: Überwachung, Steuerung und Berichtswesen (Control & reports)**	**591**
1	Einführung	593
2	Leistungsplanung und Fortschrittsmessung	594
2.1	Leistungsbewertung	594
2.2	Leistungsgliederung	596
2.3	Fortschrittsgrad-Messtechniken	597
2.3.1	Statusschritt-Technik	599
2.3.2	50-50-Verfahren	600
2.3.3	0-100-Verfahren	600
2.3.4	Mengen-Proportionalität	601
2.3.5	Sekundär-Proportionalität	601
2.3.6	Zeit-Proportionalität	601
2.3.7	Schätzung	602
2.4	Ermittlung des Gesamtfortschritts	602
2.4.1	Gesamtfortschrittsgrad	603
2.4.2	Gesamtfortschrittswert	603
2.4.3	Beispielrechnung	604
3	Die Fertigstellungswert- oder Earned-Value-Analyse	606

3.1	Überblick	606
3.2	Das dreidimensionale Fortschrittsdiagramm	607
3.3	Der Integrierte Plan/Soll/Ist/Erwartet-Vergleich (Abweichungen)	609
3.4	Prognosen	610
3.5	Kennzahlen	612
3.6	Alle Begriffe „auf einen Blick"	613
4	Projektsteuerungsmaßnahmen	614
4.1	Veränderung der Ressourcen	614
4.2	Reduzierung des Aufwands	615
4.3	Erhöhung der Produktivität	616
4.4	Veränderung des Leistungsumfangs	617
4.5	Verbesserung der Prozessqualität	618
5	Projektportfolio-Controlling	619
5.1	Überblick	619
5.2	Ist-Aufnahme und Darstellung des Projektportfolio-Status	620
5.2.1	Ziele/Qualitätskriterien	620
5.2.2	Termine	621
5.2.3	Aufwand	622
5.2.4	Integrierte Darstellung	623
5.2.5	Änderung des Projektumfangs	624
5.3	Steuerungsentscheidungen und Dokumentation	624
6	Erfahrungssicherung	625
7	Zusammenfassung	625
8	Fragen zur Wiederholung	626
1.17	**Information und Dokumentation (Information & documentation)**	**627**
1	Zielgruppen und Inhalte	630
1.1	Zielgruppen	630
1.2	Inhalte	630
2	Definitionen: Informationen und Dokumente	631
2.1	Informationen	631
2.2	Dokumente	631
3	Projektdokumente	631
3.1	Projektauftrag und Zielsetzung:	631
3.2	Extern wirkende Dokumente	632
3.3	Dokumente der Projektleitung	632
3.4	Dokumente der Projektbeteiligten	632
4	Spezifische Projektdokumente	632
4.1	Projekt-Präsentationsunterlagen	632
4.2	Projekt-Statusbericht	633
4.3	Dokumentation des Projektgegenstands	634
4.4	Änderungen des Projektgegenstands	634
4.5	Änderungen am Projektstrukturplan	636
4.6	Protokoll	636
4.7	Glossar	637
5	Prozesse an Projektdokumenten	638
5.1	Informationserzeugung	638
5.2	Entscheidungen in Projekten	639
5.3	Verifikation, Freigabe, Bestätigung	641
5.4	Publikation	641
5.5	Archivierung und Recherche	642
6	Medien	642
6.1	Papierablagen	642

6.2	Computergestützte Dokumente	642
6.3	Dateimanager	643
6.4	Dokumenten-Management-System	643
6.5	Datenbank-Systeme	644
6.6	Workflow-Systeme	644
6.7	Blog	645
6.8	Wiki	645
6.9	Virtuelle Projekträume	645
7	Konzeption von Projekt-Dokumentationen	646
7.1	Bestimmung des Freiheitsgrads zur Konfiguration der Projektdokumentation	646
7.2	Auswahl der Medien	647
7.3	Zuordnung der Informationsprozesse	648
8	Zusammenfassung	649
9	Fragen zur Wiederholung	649
1.18	**Kommunikation (Communication)**	**651**
1	Einleitung	654
2	Kommunikationsmodelle	654
2.1	Das Sender-Empfänger-Modell	655
2.1.1	Gesagt ist nicht gehört…	655
2.1.2	Aristoteles als Grundlage für die heutigen Kommunikationswissenschaften	656
2.2	Sach- und Beziehungsebene in der Kommunikation	657
2.3	Die „innere Landkarte" und die menschliche Wahrnehmung	658
2.3.1	Die „innere Landkarte"	658
2.3.2	Selektive Wahrnehmung als Grundlage für Kommunikation	659
2.4	Das Nachrichtenquadrat oder „Vier-Ohren-Modell"	660
2.5	Das Innere Team	663
2.6	Die Gewaltfreie Kommunikation (GFK)	664
3	Verbale und nonverbale Kommunikation im Wechselspiel	664
3.1.1	Kommunikationsebenen in Gesprächen	664
3.1.2	Umgang mit nonverbaler Kommunikation	667
4	Informationen erhalten	668
4.1	Gutes Zuhören	668
4.1.1	Hören ist nicht gleich Zuhören	668
4.1.2	Die Erwartung bestimmt, was wir hören	669
4.1.3	Aktives Zuhören als Methode	669
4.2	Lesen	670
4.2.1	Was gutes Lesen ausmacht	670
4.2.2	Lesen am Bildschirm und Online-Recherche	670
5	Informationen senden	671
5.1	Präsentationen im Projekt	671
5.1.1	Die Bedeutung und die Wirkung von Präsentationen	671
5.1.2	Präsentationen vorbereiten	672
5.1.3	Aufbau einer Präsentation	674
5.1.4	Mediengestaltung bei Präsentationen	674
5.1.5	Präsentationsgespräche vor kleinen Entscheidergruppen	675
5.1.6	Die eigenen Präsentationsfähigkeiten verbessern	676
5.2	Tipps für zielorientiertes Schreiben	676
5.2.1	Schreiben Sie eindeutig, korrekt und prägnant	676
5.2.2	Berücksichtigen Sie Ihr Ziel und Ihr Publikum	676
5.2.3	Veranschaulichen Sie Sachverhalte	677
5.2.4	Beachten Sie die Besonderheiten von E-Mails	678
6	Kommunikation mit Projekt-Stakeholdern	679

6.1.1	Planung der Stakeholder-Kommunikation	679
6.1.2	Querverbindungen zu anderen Wissensgebieten der ICB	680
7	Zusammenfassung	680
8	Fragen zur Wiederholung	681

1.19	**Projektstart (Start-up)**	**683**
1	Einführung	686
2	Projektstart als mehrstufiger Prozess	687
2.1	Wann beginnt ein Projekt?	687
2.2	Bis wohin reicht der Projektstartprozess?	687
2.3	Modell für den Startprozess	688
2.4	Einfluss der Projektart	690
3	Bedeutung und Ziele des Projektstarts	691
3.1	Erst denken – dann handeln	691
3.2	Solche Fehlstarts will eigentlich niemand …	692
3.3	Symptome eines missratenen Projektstarts	693
3.4	Die Ziele des Startprozesses	693
4	Entstehung von Projekten	694
5	Projektvorbereitung – der Projektstart im engeren Sinn	695
5.1	In Theorie und Praxis vernachlässigt	695
5.2	Der Prozess im Überblick	697
5.3	Das Start-Brainstorming	697
5.4	Das 0. Gebot im Projekt: Wissen und Erfahrungen organisieren	703
5.5	Auftragsklärung	704
5.6	Projektdefinition und erste Zielformulierung	706
5.7	Die erste Planung	707
5.8	Projektantrag, Projektauftrag, Genehmigung und Freigabe	709
6	Projektstartprozess im weiteren Sinn – frühe Konzeptphasen	712
7	Der Startprozess bei Kundenprojekten	714
7.1	Prozesslogik bei Kundenprojekten	715
7.2	Die Angebotsphase	715
7.3	Übergang Angebot – Auftragsabwicklung	717
7.4	Erfolgreicher Start von Kundenprojekten	717
8	Zusammenfassung	718
9	Fragen zur Wiederholung	719
10	Checklisten	719

1.20	**Projektabschluss (Close-out)**	**727**
1	Der Projektabschluss im Projektablauf	730
2	Prozessschritt Produktabnahme	732
2.1	Produktübergabe	733
2.2	Abnahmeprüfung	733
2.3	Betreuung in der Projekt-Nachfolgephase	734
2.4	Produktübernahme	735
2.5	Produktabnahmebericht	736
3	Prozessschritt Projektabschlussanalyse	737
3.1	Projektnachkalkulation	737
3.1.1	Kosten- und Leistungszuordnung	737
3.1.2	Kalkulationsstruktur	738
3.1.3	Aufgaben der Projektnachkalkulation	739
3.2	Wirtschaftlichkeitsanalyse des Projekts	740
3.3	Abweichungsanalyse der Projektparameter	741
3.3.1	Analyseablauf	742

3.3.2	Projektanalysebericht	743
3.4	Kundenbefragung	744
4	Prozessschritt Erfahrungssicherung	746
4.1	Erfahrungsdaten	746
4.2	Kennzahlensysteme	747
4.3	Erfahrungsdatenbank	747
4.4	Archivierung der Projektunterlagen	748
5	Prozessschritt Projektauflösung	748
5.1	Projektabschlussbericht	749
5.2	Projektabschlusssitzung	750
5.3	Herausnahme aus einem Projektportfolio	751
5.4	Überleitung des Projektpersonals	751
5.5	Auflösung der eingesetzten Ressourcen	752
6	Projektberichte beim Projektabschluss	753
7	Zusammenfassung	754
8	Fragen zur Wiederholung	755
9	Checklisten	756

Inhaltsverzeichnis Band 2

2.00	**Macht und Autorität in Projekten**	**763**
1	Macht	766
1.1	Einführung	766
1.2	Was bedeutet Macht?	766
1.3	Täter-Opfer-Beziehung versus Interaktionsmodell	767
1.4	Handlungsspielräume ausloten	768
1.5	Personelle und strukturelle Macht in Projekten	769
1.6	Macht fördert – Macht hindert die Projektarbeit	770
2	Hierarchie	771
3	Methoden der Macht	772
3.1	Strategie „Zwang"	772
3.1.1	Über die Drohung	774
3.2	Strategie „Verführung"	775
3.2.1	Für welche Machtausübungen bin ich empfänglich?	776
4	Zusammenfassung	777
5	Fragen zur Wiederholung	778
2.01	**Führung (Leadership)**	**779**
1	Definition Führung	782
2	Führungsansätze im Verlauf der Zeit	782
3	Führungseigenschaften	782
3.1	Stresstoleranz	782
3.2	Gesundes Selbstvertrauen	782
3.3	Kontrollorientierung	783
3.4	Emotionale Stabilität und Reife	783
3.5	Integrität	783
3.6	Sozialisierte Machtmotivation	783
4	Führungstechniken	783
4.1	Management by Objectives (Führung durch Zielvereinbarung)	783
4.2	Management by Exception (Führung nach Ausnahmeprinzip)	784
4.3	Management by Delegation (Führung durch Aufgabenübertragung)	784
5	Führungsstile	784

5.1	Autoritäre Führung	784
5.2	Patriarchalische Führung	784
5.3	Beratende Führung	784
5.4	Konsultative Führung	785
5.5	Partizipative Führung	785
5.6	Delegative Führung	785
5.7	Demokratische Führung	785
6	Führungsaktivitäten in Teams	785
6.1	Aufgabenbezogene Führung	786
6.2	Mitarbeiterorientierte Führung	787
6.2.1	Empowerment	787
6.2.2	Coaching	787
6.2.3	Zielvereinbarungen	788
6.2.4	Feedback	788
6.2.5	Unterstützung	789
6.2.6	Weitere Führungsaufgaben	789
6.3	Leadership Grid bzw. Managerial Grid	790
7	Führung und Motivation	791
7.1.1	Idealisierte Einflussnahme	792
7.1.2	Inspirative Führung	792
7.1.3	Intellektuelle Inspiration	792
7.1.4	Individuelle Beachtung	792
8	Führungsrollen und Komplexität	793
9	Situative Führung	795
10	Zusammenfassung	796
11	Fragen zur Wiederholung	797
2.02	**Motivation und Engagement (Engagement & motivation)**	**799**
1	Frühe und aktuelle Erklärungskonzepte	802
2	Menschenbild, Motivierung und Motivation	803
2.1	Menschenbild und naive Persönlichkeitstheorien	804
2.2	Vorurteile, Motivierung und Motivation	806
2.3	Extrinsische und intrinsische Motivation	809
3	Zentrale Motive des Menschen	812
3.1	Bedürfnispyramide	812
3.2	Die Zwei-Faktoren-Theorie	815
3.3	Job Enlargement, Job Rotation und Job Enrichment	816
4	Motivation in der Projektarbeit	817
4.1	Komplexität und Stimmung im Projektverlauf	818
4.2	Selbstmotivation fördern und Demotivation verhindern	819
5	Zusammenfassung	820
6	Fragen zur Wiederholung	821
2.03	**Selbststeuerung (Self-control)**	**823**
1	Grundlagen	826
1.1	Arbeiten unter Druck	826
1.2	Was ist Stress?	827
1.3	Stressoren	828
1.4	Aktuelle Stresstheorien	829
1.5	Stresssymptome	832
1.6	Stressprävention	834
1.6.1	Zeitmanagement	834
1.6.2	Selbstmanagement	835

1.6.3	Umgang mit Gefühlen	835
1.7	Stressbewältigung I	836
1.8	Wenn Stress richtig krank macht	838
2	Zusammenfassung	839
3	Fragen zur Wiederholung	839

2.04 Durchsetzungsvermögen (Assertiveness) — 841

1	Durchsetzungsvermögen als Grundlage für Projekterfolg	844
2	Durchsetzungsvermögen und Überzeugungskraft	844
2.1	Die Basis von Durchsetzungsvermögen	845
2.2	Persönliche Überzeugungen und Selbstvertrauen	846
2.3	Persönliches Auftreten und Autorität	848
2.4	Kommunikative Fähigkeiten und Verhandlungsgeschick	848
3	Notwendige Prozessschritte zur Durchsetzung von Zielen	849
3.1	Situation analysieren	849
3.2	Ziele setzen	850
3.3	Argumente sammeln	851
3.4	Besprechung vorbereiten	853
3.5	Besprechung durchführen	854
3.6	Ergebnisse kontrollieren und auswerten	855
4	Zusammenfassung	856
5	Fragen zur Wiederholung	857

2.05 Stressbewältigung und Entspannung (Relaxation) — 859

1	Einleitung	862
2	Die Bedeutung von Spannung und Entspannung in Projekten	862
2.1	Anspannung und Entspannung im Ungleichgewicht: Folgen für Projektmitarbeiter	862
2.2	Anspannung und Entspannung im Ungleichgewicht: Soziale Folgen	865
3	Wandel der Erwerbsarbeit: Rahmen für Entspannung und Stressbewältigung	866
3.1	Projektmitarbeiter als Arbeitskraftunternehmer	866
3.2	Entgrenzung in Projekten	867
4	Zusammenfassung	870
5	Fragen zur Wiederholung	871

2.06 Offenheit (Openness) — 873

1	„Offenheit"	876
1.1	Offenheit im Kontext des „Fünf-Faktoren-Modell der Persönlichkeitsstruktur"	876
1.2	„Offenheit" als Anforderungen an Projektrollenträger	878
2	Zusammenfassung	881
3	Fragen zur Wiederholung	881

2.07 Kreativität (Creativity) — 883

1	Was ist Kreativität?	886
2	Schwerpunkte des Einsatzes von Kreativität im Projektmanagement	887
3	Persönliche Kreativität und Selbsteinstufungstest für Projektmanager	888
4	Hemmung und Förderung von Kreativität	889
5	Kreativität im Team vs. Kreativität des Individuums	891
6	Phasen des kreativen Prozesses: Präparation, Inkubation, Illumination und Verifikation	892
7	Kreativitätstechniken: Übersicht, Einteilung und Grundregeln für die Anwendung	893
7.1	Assoziations-Techniken	894
7.1.1	Brainstorming	895
7.1.2	Brainwriting (Methode 6-3-5)	895
7.1.3	Anwendungshinweise und Praxisbeispiel	896
7.2	Analogietechniken	897

7.2.1	Klassische Synektik	898
7.2.2	Visuelle Synektik	898
7.2.3	Anwendungshinweise und Praxisbeispiel	899
7.3	Konfrontationstechniken	899
7.3.1	Reizwortanalyse	899
7.3.2	Bildkarteien	900
7.3.3	Anwendungshinweise und Praxisbeispiel	900
7.4	Analytische (oder diskursive) Techniken	901
7.4.1	Osborn-Checkliste	901
7.4.2	Morphologische Matrix/Morphologischer Kasten	902
7.4.3	Anwendungshinweise und Praxisbeispiel	902
7.5	Mapping-Techniken	903
7.5.1	Mind Mapping	903
7.5.2	Moderationsmethode (einschließlich Nominal Group Technique)	904
7.5.3	Anwendungshinweise und Praxisbeispiel	905
8	Zusammenfassung	905
9	Fragen zur Wiederholung	906

2.08 Ergebnisorientierung (Results orientation) — 907

1	Einleitung Ergebnisorientierung	910
2	Definition Ergebnisorientierung	910
3	Ergebnisorientierung im Projektmanagement	911
4	Ergebnisorientierung im Projekt	913
4.1	Die Betrachtungs-Ebenen	913
4.2	Grundlage jedes Projekterfolgs ist das Zeit- und Selbstmanagement	914
4.3	Der Planungs-Zyklus	915
4.4	Die Team-Ebene	915
4.5	Der Projektleiter	916
5	Ergebnisorientierung in der Praxis	917
5.1	Beispiele möglicher Ansatzpunkte zur Ergebnisorientierung	917
5.2	Leitfaden zur Realisierung der Ergebnisorientierung	918
5.3	Beispiel aus der Praxis	918
5.4	Quer-Check Ergebnisorientierung	920
6	Zusammenfassung	921
7	Fragen zur Wiederholung	921

2.09 Effizienz (Efficiency) — 923

1	Effizienz als Personal- und Sozialkompetenz	925
2	Effizienz und Effektivität	926
3	Zugänge für das Verständnis von Effizienz	927
4	Potenzialträger für Effizienz	929
5	Effiziente Kommunikation zwischen den Potenzialträgern	929
6	Effizienz als Aufgabe der Projektleitung	932
7	Effizienzblocker und -förderer	933
8	Organisieren von Effizienz	934
9	Perspektiven	935
10	Zusammenfassung	936
11	Fragen zur Wiederholung	936

2.10 Rücksprache und Beratung (Consultation) — 937

1	Der Begriff der Rücksprache in der ICB 3.0	940
2	Mögliche Prozessschritte für Rücksprache im Projekt:	942
2.1	Schritt 1: Analyse der Situation und des Kontextes	942
2.2	Schritt 2: Ermittlung von Zielen und (naheliegendsten, besten) Optionen	942

2.3	Schritt 3: Berücksichtigung der Zielsetzungen und Anhörung der Argumente anderer.	943
2.4	Schritt 4: Ermittlung von Gemeinsamkeiten und Differenzen.	943
2.5	Schritt 5: Problemdiagnose, Ermittlung von Lösungen beziehungsweise Ergreifung von Maßnahmen zur Umgehung des Problems.	943
2.6	Schritt 6: Lösung von Meinungsverschiedenheiten oder Einigung auf Differenzen und Lösungsverfahren.	944
2.7	Schritt 7: Berücksichtigung der Auswirkungen; Dokumentation und Kommunikation.	944
2.8	Schritt 8: Anwendung des Gelernten auf zukünftige Projekte oder andere Projektphasen.	945
3	Modelle, Methoden und Techniken für erfolgreiche Rücksprachen	945
3.1	JOHARI-Fenster	945
3.2	OK-Haltungen	947
3.3	NLP – Neurolinguistisches Programmieren und Zieldefinition	948
4	Zusammenfassung	949
5	Fragen zur Wiederholung	950

2.11 Verhandlungen (Negotiation) — 951

	Einführung Gesprächs- und Verhandlungsführung	956
1	Themenzuschnitt, Lernen und Prüfungsrelevanz	956
2	Verhandlungssituationen im Projekt	957
2.1	Typische Verhandlungssituationen	957
2.2	Verdeckte Verhandlungssituationen	957
2.3	Aushandlungsprozesse im Projekt	958
2.4	Verhandeln und Verkaufen	958
3	Verbreitete Meinungen zum Thema Verhandeln	959
	Verhandlungsmethodik	960
4	Das Harvard-Konzept für sachbezogenes Verhandeln	960
4.1	Harvard-Prinzip 1: Die Alternativen abwägen	962
4.1.1	Gibt es eine Verhandlungssituation?	962
4.1.2	Wie hoch ist die Chance für Ihren Erfolg?	962
4.1.3	Was können Sie tun, statt zu verhandeln?	963
4.2	Harvard-Prinzip 2: Zwischen Menschen und Problemen unterscheiden	965
4.2.1	Sach- und Beziehungsebene in der Kommunikation	965
4.2.2	Beziehungsebene trägt Sachebene	966
4.2.3	Beziehung und persönlicher Status	967
4.2.4	Die Arbeitsbeziehung ist die Grundlage für die Verhandlung	967
4.2.5	Interessen gibt es auf Sach- und Beziehungsebene	968
4.2.6	Der Unterschied zwischen Verhandlungen und Konflikten	970
4.3	Harvard-Prinzip 3: Ermitteln Sie Interessen und Bedürfnisse	970
4.3.1	Nutzenerwartungen und Bedürfnisse	971
4.3.2	Interessenermittlung als Klärungsprozess	971
4.4	Harvard-Prinzip 4: Entwickeln Sie Optionen zum beiderseitigen Vorteil	973
4.4.1	Win-Win als Maßstab für Lösungsoptionen	973
4.4.2	Interessen-Unterschiede schaffen Nutzen	974
4.4.3	Erweitern Sie den Lösungsraum	975
4.4.4	Vorläufigkeit und Teil-Lösungen akzeptieren	976
4.5	Harvard-Prinzip 5: Fairness als Prüfstein für die Einigung	977
4.5.1	Faire Vorgehens- und Verfahrensweisen	977
4.5.2	Kriterien für ein faires Verhandlungsergebnis	977
4.5.3	Verhandeln als gemeinsames Ringen um Fairness	978
4.6	Verhandlungen nach dem Harvard-Konzept vorbereiten und strukturieren	980
	Gesprächsführung	981
5	Kommunikation und Gesprächsführung in Verhandlungen	981
5.1	Die optimale Grundhaltung für die professionelle Verhandlungsführung	981

5.2	Phasenstruktur von Verhandlungsgesprächen und Verhandlungsprozessen	982
5.3	Überblick über die Grundtechniken der Gesprächsführung	984
5.4	Gute Verständigung durch Aktives Zuhören	984
5.4.1	Zuhör-Probleme und Kommunikationsbarrieren	984
5.4.2	Aktives Zuhören als Gesprächstechnik	985
5.5	Klare Selbstaussagen durch Ich-Botschaften	986
5.5.1	Eskalierende Aussagetypen vermeiden:	986
5.5.2	Drei Schritte zur konstruktiven Ich-Botschaft	987
5.5.3	Vorsicht vor „falschen Ich-Botschaften"	988
5.6	Mit Fragetechniken das Gespräch steuern	988
5.6.1	Offene und geschlossene Fragen	988
5.6.2	Alternativfragen: Hilfreich und problematisch zugleich	989
5.6.3	Der Fragetrichter: Antwortspielräume im Gespräch gestalten	990
5.6.4	Der Dreischritt zum Einsatz von Fragen im Gespräch	991
5.6.5	Fallen beim Fragenstellen:	991
5.7	Durch Hypothesenbildung Lösungen entwickeln	992
5.8	Die laufende Ergebnissicherung im Gespräch	993
5.9	Die Gestaltung des Gesprächsabschlusses	995
5.9.1	Der Vor-Check	995
5.9.2	Ergebnissicherung mit Check-Fragen	995
5.9.3	Gesprächsabschluss auf Beziehungsebene	996
6	Zusammenfassung	996
7	Fragen zur Wiederholung	997
2.12a	**Konflikte (Conflict)**	**999**
1	Konfliktverständnis	1003
1.1	Konflikte in Projekten – Umgang und Auswirkungen	1003
1.2	Ziele des Konfliktmanagements	1003
1.3	Entstehung und Hintergründe von Konflikten	1004
1.3.1	Vom Problem zum Konflikt	1004
1.3.2	Die Antriebskraft der Bedürfnisse	1006
1.3.3	Konflikteskalation	1008
1.4	Konflikte richtig erkennen	1010
1.4.1	Konfliktsymptome	1011
1.4.2	Konfliktausprägungen	1012
1.4.3	Konflikttypen	1013
2	Konfliktbearbeitung	1014
2.1	Typische Handlungsstrategien (Reaktionsmuster) in Konfliktsituationen	1014
2.2	Kooperative Konfliktlösung	1017
2.2.1	Voraussetzungen	1017
2.2.2	Schritte zur eigenständigen Lösung von Konflikten	1019
2.2.3	Konfliktlösung mit Unterstützung – Mediation	1020
2.2.4	Zusammenfassung kooperative Konfliktlösung	1022
2.3	Bearbeitung und Auflösung von Gruppenkonflikten und interkulturellen Konflikten	1022
2.4	Bearbeitung innerer Konflikte	1024
2.4.1	Eigenständige Bearbeitung innerer Konflikte	1024
2.4.2	Unterstützte Lösung innerer Konflikte	1026
3	Konfliktprävention	1026
3.1	Beziehungen und Interaktion	1027
3.1.1	Soziale Kompetenz – Konfliktfähigkeit	1027
3.1.2	Die Art der Kommunikation	1029
3.1.3	Gestaltung der Teamarbeit	1030
3.2	Strukturen und Prozesse im Projekt	1030

3.2.1	Verschiedene Zusammenhänge und Vernetzungen	1031
3.2.2	Konfliktprävention im Vertragsmanagement	1031
3.2.3	Konfliktprävention durch Risikomanagement	1032
4	Zusammenfassung	1033
5	Fragen zur Wiederholung	1033

2.12b	**Krisen – Projektkrisen (Crises)**	**1035**
1	Krisenverständnis	1037
1.1	Begriff „Krise"	1037
1.2	Typische Projektkrisensituationen	1038
1.3	Wie entstehen Krisen?	1039
1.3.1	Krisenarten	1040
1.3.2	Der Zusammenhang von Konflikten und Krisen	1041
1.4	Indikatoren für (sich anbahnende) Projekt-Krisen	1041
1.5	Krisenfolgen	1042
2	Krisenmanagement	1042
2.1	Krisenfrüherkennung und Krisenfeststellung	1043
2.2	Krisenbewältigung – Methoden und Vorgehensweisen	1044
2.2.1	Grundlegende Schritte zur Krisenbewältigung	1045
2.2	Pragmatische Handlungsschritte in Krisensituationen	1046
2.2.3	Unterstützte Krisenbewältigung	1047
2.3	Krisenreflexion oder Aus Krisen lernen	1048
2.4	Krisenvorsorge und Krisenprävention	1048
2.4.1	Projektcontrolling	1049
2.4.2	Risikomanagement	1049
2.4.3	Pro-aktives Konfliktmanagement	1050
2.4.4	Selbstreflexion und Persönlichkeitsentwicklung	1050
3	Zusammenfassung	1051
4	Fragen zur Wiederholung	1051

2.13	**Verlässlichkeit (Reliability)**	**1053**
1	Verlässlichkeit – eine personale Eigenschaft	1056
2	Verlässlichkeit als Merkmal beliebiger Systeme	1058
3	Verlässlichkeit – umgangssprachlich gesehen	1059
4	Bedeutung von Verlässlichkeit und deren Grundlagen	1061
4.1	Verlässlichkeit des Menschen und ethische Grundwerte	1061
4.2	Verlässlichkeit des Menschen und spezifische Verhaltensmerkmale	1062
4.3	Verlässlichkeit des Menschen und Vertrauensbildung	1062
4.4	Verlässlichkeit des Menschen und Selbstwertgefühl	1064
4.5	Stellenwert und Bedeutung von Verlässlichkeit für Teamleiter	1064
5	Die Verlässlichkeit des Menschen und Persönlichkeitsinventar- Modelle	1065
5.1	Verlässlichkeit im HBDI-Persönlichkeitsprofil	1066
5.2	Verlässlichkeit im MBTI-Persönlichkeitsprofil	1068
5.3	Verlässlichkeit im DISG-Persönlichkeitsprofil	1070
6	Zusammenfassung	1071
7	Fragen zur Wiederholung	1071

2.14	**Wertschätzung (Values appreciation)**	**1073**
1	Definition, Abgrenzung	1076
1.1	Die eigene Wertschätzung als Projektleiter	1077
1.2	Wertschätzung in der zwischenmenschlichen Kommunikation und Zusammenarbeit	1078
1.2.1	Wertschätzende Gesprächsführung	1078
1.2.2	Wertschätzung als Motivationsfaktor	1080
1.2.3	Umgang mit unterschiedlichen Wertesystemen im Projektteam	1081

1.2.4	Das Projektteam als wertvolle Ressource	1082
1.2.5	Wertschätzung und Delegation von Führung	1083
1.2.6	Interkulturelle Teams	1083
1.3	Umgang mit Anspruchsgruppen unterschiedlicher Werthaltungen	1085
1.4	Wertschätzende Unternehmensentwicklung – Appreciative Inquiry	1086
1.5	Wertschätzung gegenüber Bestehendem	1088
2	Zusammenfassung	1088
3	Fragen zur Wiederholung	1089

2.15 Ethik (Ethics) — 1091

1	Einleitung	1094
2	Internationale Projektethik	1095
3	Deskriptive und normative Ethik	1095
4	Ethik in der Projektführung	1097
5	Handlungsethik bei Veränderungen	1098
6	Gesinnung	1098
7	Sinn und Sinngebung	1099
8	Taktisches Verhalten im Projektmanagement	1100
9	Ethische Aspekte in Projekten und in Programmen	1102
10	Zusammenfassung	1103
11	Fragen zur Wiederholung	1103

3.00 Projektmanagement und Unternehmensstrategie — 1105

1	Einführung	1108
2	Portfolios und Normstrategien	1109
3	Ansätze auf der Grundlage der Nutzwertanalyse (vgl. Kühn & Hochstrahs 2002; Lange, 1995)	1116
4	Zusammenfassung	1119

3.01 Projektorientierung (Project orientation) — 1123

1	Einleitung	1126
2	Historische Entwicklung der Projektarbeit	1127
3	Dimensionen von Projektorientierung	1127
3.1	Projektorientierung als Strategieelement	1127
3.2	Projektorientierte Strukturelemente	1128
3.2.1	Projektorientierte Aufbauorganisation	1128
3.2.2	Projektorientierte Ablauforganisation	1129
3.3	Projektorientierte Kultur	1130
4	Attribute projektorientierten Denkens und Handelns	1131
4.1	Einmaligkeit	1132
4.2	Dauer	1133
4.3	Komplexität	1134
4.4	Umfang	1135
4.5	Risiko	1136
5	Zusammenfassung	1137
6	Fragen zur Wiederholung	1137

3.02 Programmorientierung (Programme orientation) — 1139

1	Begriffliche Grundlagen und Abgrenzung	1142
1.1	Programm	1142
1.2	Programmmanagement	1142
1.3	Managing by Programmes	1143
2	Aufgaben und Rollen innerhalb eines Projektprogramms	1145
3	Schlüsselkompetenzen in der programmorientierten Unternehmensorganisation	1146
4	Relationen zu anderen Kompetenzelementen	1149

4.1	Hauptbeziehungen zu anderen PM Elementen	1149
4.2	Bedeutung der „Sozialen Kompetenz" für Programmmanager	1150
5	Zusammenfassung	1151
6	Fragen zur Wiederholung	1151

3.03 Portfolioorientierung (Portfolio orientation) — 1153

1	Begriffliche Grundlagen und Abgrenzung	1156
1.1	Projekt, Projektportfolio und Programm	1156
1.1.1	Projekt	1156
1.1.2	Projektportfolio	1157
1.1.3	Programm	1158
1.1.4	Zusammenhang und Abgrenzung der Begriffe	1158
1.2	Multiprojektmanagement	1158
1.3	Formen der Multiprojektkoordination	1159
1.3.1	Projektportfoliomanagement	1159
1.3.2	Programmmanagement	1160
2	Grundlagen der Portfolioorientierung	1160
2.1	Stakeholder des Projektportfolios	1160
2.2	Grundlegende Aufgaben des Projektportfoliomanagements	1162
2.2.1	Identifizierung von Projekten und Aufnahme in das Projektportfolio	1162
2.2.2	Priorisierung von Projekten	1163
2.2.3	Projektübergreifendes Ressourcenmanagement	1165
2.2.4	Steuerung und Überwachung des Projektportfolios	1165
2.3	Portfolio-orientierte Organisation der Projektmanagementprozesse	1167
3	Zusammenfassung	1170
4	Fragen zur Wiederholung	1171

3.04 Einführung von Projekt-, Programm- und Portfoliomanagement (Project, programme & portfolio implementation) — 1173

1	Veränderungsmanagement/Management of Change	1176
1.1	Widerstände in Veränderungsprojekten zur Einführung von PPP	1177
1.1.1	Widerstand als Funktion sozialer Systeme	1178
1.1.2	Widerstand aufgrund persönlicher Einschätzungen der Betroffen	1179
1.1.3	Widerstand aufgrund mangelnder Information und Qualifikation	1180
1.1.4	Widerstände sind gut sichtbar – die wahren Ursachen nur sehr schlecht	1180
1.1.5	Widerstände sind wichtig, sie helfen, wichtige Dinge aufzufinden und zu berücksichtigen	1181
1.2	Konsequenzen für das Management des Veränderungsvorhabens	1182
1.3	Erfolgsbilanz und Erfolgsfaktoren bei Veränderungsprojekten	1183
2	Einführung von Projekt-, Portfolio- und Programmmanagement (PPP)	1184
2.1	Verantwortung des Top-Managements	1184
2.2	Anforderungen an das für die Einführung verantwortliche Team	1185
2.2.1	Fachkompetenz zum Projekt-, Portfolio- und Programmmanagement	1185
2.2.2	Kompetenzen im Veränderungsmanagement zur Einführung von Projekt-, Portfolio- und Programmmanagement	1185
2.3	Erwartungen richtig einschätzen	1186
3	Rollen und Beteiligte im Veränderungsprozess bei der Einführung von Projekt-, Portfolio- und Programmmanagement	1187
3.1	Top-Management im PPP-Einführungsprojekt	1187
3.1.1	Anforderungen an das Top-Management bei der Projektmanagement-Einführung	1187
3.1.2	Anforderungen an das Top-Management für die Portfoliomanagement-Einführung	1188
3.1.3	Anforderungen an das Top-Management für die Programmmanagement-Einführung	1188
3.2	Betroffene und Beteiligte im PPP-Einführungsprojekt	1189
3.2.1	Betroffene zu Beteiligten machen	1190

3.2.2	Auswahl der einzubindenden Personen	1190
3.2.3	Umfang der Einbindung der Betroffenen	1191
3.2.4	Die konkrete Auswahl der eingebundenen Personen	1192
4	Prozessmodell zur Einführung von Projekt-, Portfolio- und Programmmanagement	1193
4.1	Projektinitialisierung und Auftragsklärung	1194
4.2	Kritische Bestandsaufnahme und Standortbestimmung	1194
4.3	Externe Orientierung und Qualifizierung	1195
4.4	Soll-Konzeption sowie Maßnahmen und Zielbestimmung	1196
4.5	Schrittweise Entwicklung und Implementierung	1196
4.6	Evaluation zu Anwendbarkeit und Nutzen	1198
4.7	Stabilisierung und kontinuierliche Weiterentwicklung	1198
5	Ergebnistypen und Ergebnisse im PPP Einführungsprozess	1199
5.1	Welche Ergebnisse sind wesentlich und wann sind sie zu erreichen?	1199
5.1.1	Der zu frühe Ruf nach Projektmanagement-Software	1199
5.1.2	Die Kritik an Abstimmungs- und Beteiligungsprozessen	1200
5.2	Ergebnistypen und Ergebnisse – das Projektmanagement-Handbuch	1201
5.2.1	Ergebnistyp „Lern- und Abstimmungsprozesse"	1201
5.2.2	Projektmanagement-Handbuch	1201
5.2.3	Projekthandbuch und Projektakte	1204
6	Fragen zur Wiederholung	1205
3.05	**Stammorganisation (Permanent Organisation)**	**1207**
1	Stammorganisation, Unternehmenskultur und Unternehmensstrategie	1210
2	Organisationsmanagement	1210
2.1	Gestaltung der Aufbauorganisation	1211
2.1.1	Stelle	1211
2.1.2	Hierarchie	1212
2.1.3	Gliederungsprinzipien in der Stammorganisation	1212
2.1.4	Cost- oder Profit Center	1213
2.1.5	Analyse der Aufbauorganisation	1214
2.2	Prozessorganisation	1215
3	Projektmanagementbüro	1216
3.1	Aufgaben und Funktionen	1217
3.2	Organisatorische Einordnung	1217
4	Unternehmenskultur	1218
4.1	Arten von Unternehmenskultur	1219
4.2	Funktionen von Unternehmenskultur	1219
5	Veränderung der Stammorganisation	1220
5.1	Veränderungsmanagement	1220
5.2	Veränderungsenergie	1220
6	Entscheidung und Umsetzung	1221
6.1	Restriktion oder Rahmenbedingung?	1222
6.2	Ziel oder Lösung?	1222
6.3	Abgrenzung des Projekts von der Stammorganisation	1222
7	Lernende Organisation	1223
7.1	Lessons Learned	1224
7.2	Einführung eines Lernzyklus	1224
8	Zusammenfassung	1224
9	Fragen zur Wiederholung	1225
3.06	**Geschäft (Business)**	**1227**
1	Einleitung	1230
2	Projekte sind Unternehmen auf Zeit!	1230

2.1	Projektlebensweg	1230
2.2	Produktlebensweg	1231
3	Schnittstellen Geschäft und Projekte bzw. Projektmanagement	1232
4	Business Case und die Bedeutung des Projektstarts	1234
5	Kosten-Nutzen-Analysen und Sensitivitätsanalysen	1237
6	Frühwarnsysteme und Risikomanagement	1239
7	Zusammenfassung	1240
8	Fragen zur Wiederholung	1241

3.07 Systeme, Produkte und Technologie (Sytems, products & technology) — 1243

1	Systeme, Produkte und Technologien als Projektgegenstände	1246
2	Die inhaltliche Gestaltung des Projektgegenstands	1248
2.1	Besonderheiten produkt-bezogener Projekte	1248
2.2	Besonderheiten system-bezogener Projekte	1251
2.3	Besonderheiten technologie-bezogener Projekte	1254
3	Zusammenarbeit in produkt-, system- und technologie-bezogenen Projekten	1256
3.1	Prozessorientierung vs. Abteilungsdenken	1257
3.2	Klärung von Aufgaben, Kompetenzen und Verantwortlichkeiten	1258
3.3	Einbindung externer Projektpartner	1260
4	Zusammenfassung	1264
5	Fragen zur Wiederholung	1265

3.08 Personalmanagement (Personnel management) — 1267

1	Einleitung	1270
2	Die Funktion des Personalmanagements in der Organisation	1270
3	Personalbedarfsplanung im Projekt	1272
3.1	Funktion und Begriff der Personalbedarfsplanung	1272
3.2	Der Konflikt zwischen dem Personalmanagement in der Linie und im Projekt	1273
3.3	Der Qualitätsaspekt in der Personalbedarfsplanung	1275
3.4	EDV-gestützte Ressourcenplanung	1275
4	Beschaffung von Projektpersonal	1276
4.1	Besonderheiten bei der Beschaffung von Projektpersonal	1276
4.2	Lösungen	1277
5	Rollen und Aufgaben von Projektpersonal	1278
4.1	Der Projektauftraggeber	1280
4.2	Der Lenkungsausschuss	1280
4.3	Projektleitung	1280
4.5	Projektmitarbeiter	1282
4.6	Projektbüro	1282
4.7	Externe Berater im Projekt	1283
6	Anforderungen an Projektpersonal	1284
6.1	Vorbemerkungen	1284
6.2	Anforderungen an Projektleiter	1285
6.3	Anforderungen an Projektmitarbeiter	1287
7	Auswahl von Projektpersonal	1288
7.1	Vorbemerkungen	1288
7.2	Selbstassessment und Einzelinterview	1288
7.3	Fremdassessment durch Assessment Center	1289
8	Freisetzung von Projektpersonal	1292
9	Zusammenfassung	1292
10	Fragen zur Wiederholung	1293

3.09 Gesundheit, Sicherheit und Umwelt (Health, security, safety & environment) — 1295

1	Grundprinzipien zum betrieblichen Gesundheitsschutz und Arbeitssicherheit	1297

1.1	Prävention von Personen- und Umweltschäden als Unternehmeraufgabe am Beispiel des TOP - Prinzips zur Verhältnis- und Verhaltensprävention	1297
1.2	Belastung und Beanspruchung	1299
1.3	Gesetzliche Rahmenbedingungen zu Gesundheit, Sicherheit und Umwelt (GSU)	1299
1.3.1	Allgemeine gesetzliche Grundlagen	1299
1.3.2	Wichtige Einzelgesetze	1301
2	Zusammenfassung	1303
3	Fragen zur Wiederholung	1304

3.10 Finanzierung (Finance) — 1305

1	Betriebliche Finanzwirtschaft	1308
1.1	Finanzierung	1308
1.2	Investition	1309
2	Finanzmanagement	1311
2.1	Ziele und Aufgaben	1311
2.2	Zeitliche Dimensionen	1312
2.3	Cashflow als Steuerungsgröße	1312
3	Systematisierungen der Finanzierung	1313
3.1	Finanzierungsarten	1313
3.2	Finanzierungsmärkte	1314
3.3	Finanzintermediäre	1316
4	Projektfinanzierung	1317
5	Zusammenfassung	1320
6	Fragen zur Wiederholung	1320

3.11 Rechtliche Aspekte: Besonderheiten bei Auftragsprojekten von Kunden (Legal) — 1323

	Einleitung	1326
1	Projektmanagement-technische Kompetenzen	1330
1.01	Projektmanagementerfolg	1330
1.02	Interessierte Parteien	1331
1.03	Projektanforderungen und Projektziele	1332
1.04	Risiken und Chancen	1333
1.05	Qualität	1334
1.06	Projektorganisation	1335
1.07	Teamarbeit	1337
1.08	Problemlösung	1337
1.09	Projektstrukturen	1339
1.10	Leistungsumfang und Ergebnisse	1339
1.11a	Zeitmanagement, Projektphasen	1340
1.11b	Zeitmanagement, Zeitplanung	1340
1.12	Ressourcen	1341
1.13	Kosten und Finanzmittel	1342
1.14	Beschaffung und Verträge	1343
1.14.1	Anforderungen an das Vertragsdokument	1343
1.14.2	Maßnahmen bei Vertragsabschluss, um Konflikte zu vermeiden und den Projekterfolg zu fördern	1346
1.14.3	Durchführung	1346
1.15	Änderungen	1347
1.16	Überwachung und Steuerung, Berichtswesen	1348
1.17	Information und Dokumentation	1349
1.18	Kommunikation	1350
1.19	Projektstart	1350
1.20	Projektabschluss	1351
1.21	Normen und Richtlinien	1353

1.22	IT im Projektmanagement	1353
1.23	Critical Chain Projektmanagement	1353
2	Soziale und personale Kompetenzen	1354
2.00	Macht und Autorität in Projekten	1354
2.01	Führung (Grundlagenwissen)	1355
2.02	Motivation und Engagement	1356
2.03	Selbststeuerung	1356
2.04	Durchsetzungsvermögen	1356
2.05	Entspannung und Stressbewältigung	1357
2.06	Offenheit	1357
2.07	Kreativität	1357
2.08	Ergebnisorientierung	1358
2.09	Effizienz	1358
2.10	Beratung	1358
2.11	Verhandlung	1359
2.12a	Konflikte	1359
2.12b	Krisen – Projektkrisen	1360
2.13	Verlässlichkeit	1361
2.14	Wertschätzung	1361
2.15	Ethik	1361

Inhaltsverzeichnis Band 3

1.01	**Projektmanagementerfolg (Project management success)**	**1367**
1	Einleitung	1369
2	Zeitpunkt der Erfolgsbeurteilung bei Projekten	1369
3	Analysemethoden für Projekt- und Projektmanagementerfolg	1370
3.1	Projektcontrolling	1370
3.2	Machbarkeitsstudie	1371
3.3	Kosten-Nutzen-Analysen inkl. Sensitivitätsanalysen	1371
3.4	Kundenbefragung / Mitarbeiterbefragung / Stakeholdermanagement	1372
3.5	Projekt(management)-Benchmarking	1372
3.6	Project Excellence	1373
4	PM-Einführung und PM-Optimierung	1374
5	Misserfolgsfaktor Zweck-Optimismus	1374
6	Zusammenfassung	1375
7	Fragen zur Wiederholung	1375
8	Checklisten	1376
1.02	**Interessengruppen/Interessierte Parteien (Interested parties)**	**1381**
1	Einführung	1383
2	Systemtheoretische Betrachtung	1383
3	Hilfsmittel für das Stakeholdermanagement	1384
3.1	Netzwerkanalyse	1384
3.2	Workshopkonzepte und Softwareunterstützung	1387
3.3	Einführung und Evaluation eines Methodenbaukastens	1389
4	Praxistransfer	1391
4.1	Beispiel zur Entwicklung und Einführung des Stakeholdermanagements	1391
4.2	Beispiel für gutes Stakeholdermanagement	1392
5	Zusammenfassung	1392
6	Fragen zur Wiederholung	1393
7	Anhang: Tabellen und Checklisten	1394

1.03	**Projektanforderungen und Projektziele (Project requirements & objectives)**	**1397**
1	Anforderungen	1399
1.1	Definitionen	1399
1.2	Motivation: Relevanz vom Anforderungsmanagement	1400
1.3	Relative Kosten für die Korrektur von Anforderungen	1400
1.4	Auslöser von Anforderungen	1401
1.5	Vorteil des systematischen Anforderungsmanagements	1402
1.6	Anforderungsarten	1403
1.7	Anforderungspriorisierung	1404
1.8	Arbeitsschritte im Anforderungsmanagement	1404
1.8.1	Anforderungen ermitteln	1405
1.8.2	Anforderungen spezifizieren und validieren	1405
1.8.3	Anforderungen analysieren und vereinbaren	1406
1.8.4	Anforderungen verfolgen	1407
2	Ausgewählte Themen zu Projektanforderungen	1408
2.1	Der Einfluss von Projektanforderungen auf die Wahl des Vorgehensmodells	1408
2.2	Traceability	1409
2.3	Von der Anforderung zur Abnahme / Freigabe	1412
3	Zusammenfassung	1414
4	Fragen zur Wiederholung	1414
1.04	**Risiken und Chancen (Risk & opportunity)**	**1415**
1	Einleitung	1417
2	Ergänzende Verfahren zur Analyse und Bearbeitung von Risiken und Chancen	1417
3	Ergänzende Verfahren zur Planung und Bewertung von Maßnahmen	1425
3.1	Das FMEA-Verfahren	1425
4	Betriebswirtschaftliche und rechtliche Aspekte	1433
4.1	Aufwendungen und Erträge bzw. Nutzen	1433
5	Umsetzung, Organisation und Dokumentation des Risikomanagements	1439
5.1	Umsetzung und Organisation	1439
6	Zusammenfassung	1441
7	Verzeichnis der Abkürzungen	1442
8	Fragen zur Wiederholung	1442
9	Checklisten	1443
1.05	**Qualität (Quality)**	**1447**
1	Einleitung	1449
2	Exzellenz-Modelle und Standards	1449
2.1	Projektmanagement-Normen	1451
2.2	Internationale Projektmanagement-Verbände und deren Standards	1451
2.2.1	IPMA-Standards	1451
2.2.2	PMI-Standards	1452
2.3	PM-Reifegradmodell von Kerzner	1453
2.4	IPMA DELTA: Das neue PM-Assessment von IPMA	1454
2.5	OPM3: Organisational Project Management Maturity Model von PMI	1457
2.6	IPMA Project Excellence Award	1457
2.7	Zertifizierung des Projektpersonals	1459
3	Praxis-Szenarios	1459
3.1	Durchführung von mehreren Projekten in einem Unternehmen	1459
3.2	Durchführung eines Projekts mit mehreren Trägerorganisationen oder Lieferanten	1459
4	Zusammenfassung	1460
5	Fragen zur Wiederholung	1460
1.06	**Projektorganisation (Project organisation)**	**1461**

1	Einleitung	1463
2	Erweiterte Formen der Projektorganisation	1463
2.1	Projektgesellschaften	1463
2.2	Arbeitsgemeinschaften	1465
2.3	Virtuelle Projektorganisation	1467
2.4	Projektinseln	1468
3	Änderungen im (Projekt-) Lebensweg	1469
3.1	Fortlaufende Optimierung der Projektorganisation	1469
3.2	Auflösen der Projektorganisation und Auswirkung auf zukünftige Projekte	1471
4	Instrumente der Projektorganisation zur Projektführung	1471
4.1	Befugnisse	1472
4.2	Anforderungsprofile	1472
4.3	Verantwortlichkeitsmatrix	1474
4.4	Projektorganigramm	1476
4.5	Schnittstellenmanagement	1477
5	Kulturelle und projektumweltbedingte Einflüsse	1478
6	Zusammenfassung	1479
7	Fragen zur Wiederholung	1480
1.07	**Teamarbeit (Teamwork)**	**1481**
1	Team- und Projektkultur	1483
2	Teamzusammensetzung	1484
3	Persönlichkeitsmodelle und Testverfahren	1485
3.1	Selbst- und Fremdbild	1486
3.2	Typologien	1487
3.2.1	MBTI	1488
3.2.2	BIP	1492
3.2.3	DISG (persolog® Persönlichkeits-Modell)	1493
4	Remote Teams und virtuelle Teams	1497
5	Teamdiagnose	1500
6	Messen von Teamerfolg (IPO Modell)	1501
7	TMS (McCann-Margerison)	1502
8	Modell von Hochleistungsteams	1505
9	Rolle des Projektleiters	1507
9.1	Aufgabenbeschreibung	1508
10	Team als System	1510
11	Teamklima-Inventar	1511
12	Zusammenfassung	1514
13	Fragen zur Wiederholung	1514
1.08	**Problemlösung (Problem resolution)**	**1515**
1	Der erweiterte Problembegriff	1517
1.1	Probleme sind noch vielfältiger	1517
1.2	Klarheit erreichen	1518
1.3	Entscheidungen sicherstellen	1519
1.4	Die Arten der Problemlösung	1521
2	Probleme rechtzeitig erkennen	1523
2.1	Das Frühwarnsystem	1523
2.2	Die Problemmeldung	1525
2.3	Die Situationsanalyse	1525
3	Schwierigkeiten im Problemlösungs-Prozess	1526
3.1	Die psychosoziale Wirkung der Probleme	1526
3.2	Probleme der Informationssammlung	1527

3.3	Probleme der Lösungsfindung	1528
3.4	Probleme der Umsetzung	1528
4	Methoden der Problemlösung	1529
4.1	Überblick	1529
4.2	Ursache-Wirkungsdiagramm	1530
4.3	SWOT-Analyse	1532
4.4	Manueller Papiercomputer	1535
5	Probleme im Projekt vermeiden	1538
5.1	Typische Problemursachen der Praxis	1538
5.2	Maßnahmen zur Vermeidung dieser Ursachen	1540
5.3	Fehler im Problemlösungs-Prozess	1542
6	Zusammenfassung	1544
7	Fragen zur Wiederholung	1545

1.09 Projektstrukturen (Project structures) — 1547

1	Einführung	1549
2	Systematik der Aspekte für Projektstrukturen	1549
3	Strukturregeln und Schlüsselbildung	1549
3.1	Struktur-Modelle	1549
3.2	Vorgehen der Strukturierung	1556
3.3	Schlüssel (Codierungssysteme)	1557
3.4	Struktur-Komplexität	1558
3.5	Projektstrukturen für Projekt-Varianten	1560
3.6	Änderungen von Projektstrukturen	1560
4	Strukturierende Aspekte	1561
4.1	Aspekte für Projektobjekte	1562
4.2	Aspekte für die Projektaktivitäten	1564
4.3	Aspekte für die Projektinformationen	1565
4.4	Aspekte für die Vereinbarungen	1566
4.5	Aspekte für die Organisationen	1568
5	Beispiele für Strukturen in komplexen Projekten	1569
5.1	Beispiel Wintergarten	1569
5.2	Beispiel Informationssystem	1571
5.3	Beispiel Fotoapparat	1573
5.4	Beispiel Organisationsentwicklung	1574
6	Anwendung der Projektstrukturen	1576
6.1	Einleitung	1576
6.2	Bezug zur ICB	1577
6.3	Anwendungskonzept	1578
6.4	Arbeitspakete	1579
6.5	Überlegungen zum Beispiel Wintergarten	1579
7	Besonderheiten beim Programm- und Portfoliomanagement	1581
7.1	Einleitung	1581
7.2	Neue strukturierende Aspekte	1582
7.3	Schwerpunktverschiebungen	1582
8	Entwerfen, Nutzen und Pflegen von Projektstrukturen („Strukturieren")	1584
8.1	Konzeptionelle Sicht	1584
8.2	Inhalte und Aktivitäten des Strukturierens	1584
8.3	Detaillierte Prozessbeschreibung	1585
8.4	Erhalten der Projektstrukturen	1587
9	Zusammenfassung	1587
10	Fragen zur Wiederholung	1588

1.10 Leistungsumfang und Lieferobjekte (Scope & deliverables) — 1589

1	Einleitung	1591
2	Besondere Aspekte bei Definition und Fortschreibung des Leistungsumfangs	1591
2.1	Strukturpläne	1591
2.2	Zusammenhang zwischen Leistungsumfang und Vertrag	1592
2.3	Bedeutung des Konfigurationsmanagements	1593
3	Leistungsumfang und Lieferobjekte in einer Projekt(e)landschaft	1594
3.1	Bei Teilprojekten	1594
3.2	Programm-Leistungsumfang	1594
3.3	Portfolio-Leistungsumfang	1595
4	Zusammenfassung	1595
5	Fragen zur Wiederholung	1596

1.11a Projektphasen (Project phases) — 1597

1	HERMES: ein Modell für die Abwicklung von IKT Projekten	1598
1.1	Warum eine Methode?	1598
1.2	Verständlichkeit: die Konzepte sind klar	1598
1.2.1	Ein Phasenmodell	1598
1.2.2	Submodelle für die Querschnittsfunktionen	1599
1.2.3	Die drei Sichten von HERMES	1600
1.2.4	Das Tailoring	1605
1.3	Standardisierte Produkte	1605
1.4	Offenheit und Flexibilität erhöht Benutzerkreis	1606
1.5	Vollständigkeit dank Hilfsmitteln	1607
1.5.1	Bücher	1607
1.5.2	Tools	1607
1.5.3	Ausbildung – Zertifizierung	1607
2	Agiles Projektmanagement	1608
2.1	Einführung: Auslöser agiler Entwicklungen	1608
2.2	Agiles Projektmanagement am Beispiel von Scrum	1609
2.3	Agile Methoden im Überblick	1611
2.4	Agiles Projektmanagement	1614
2.5	Kritik an agilen Methoden	1617
2.6	Verbreitung und Wirksamkeit agiler Methoden	1618
2.7	Fazit	1619

1.11b Ablauf und Termine (Time) — 1621

1	Einführung	1623
2	Netzplanverfahren und -methoden	1623
2.1	Ereignisknoten-Netzplantechnik (EKN)	1623
2.2	Vorgangspfeil-Netzplantechnik (VPN)	1624
2.3	Entscheidungsnetzplantechnik (ENP)	1625
3	Techniken zur Bearbeitung komplexer Projekte	1625
3.1	Teilnetztechnik	1625
3.2	Standardnetzplantechnik	1626
4	Netzplanebenen und Netzplanverdichtung	1627
4.1	Grobterminplan, Feinterminplan	1627
4.1	Meilenstein-Netzplantechnik	1628
4.2	Detaillierungsgrad bei Verwendung von Leistungsverzeichnissen	1628
5	Ablauf- und Terminplanung mittels Linien-Diagramm	1628
6	Puffermanagement und Critical-Chain-Projektmanagement	1629
7	Zusammenfassung	1630
8	Fragen zur Wiederholung	1631

1.12	**Ressourcen (Resources)**	**1633**
1	Einführung	1635
2	Ressourcenmanagement aus der Sicht der Linienorganisation	1635
2.1	Typische Fragestellungen	1635
2.2	Lösungsansätze	1636
2.3	Konzept der zwei Welten	1638
2.4	Der Prozess	1641
2.5	Organisation und Zentralisierungsgrad	1643
2.6	Strategische und operative Ressourcenplanung	1644
2.7	Qualitative Ressourcenplanung	1645
2.8	Spezifische Aspekte der Überwachung	1646
3	Informatikunterstützung (für das Ressourcenmanagement)	1647
3.1	Anspruch und Wirklichkeit bei den Tools	1647
3.2	Konsequenzen aus dem Konzept der zwei Welten	1648
3.3	Anforderungen an ein Ressourcenmanagement-System	1650
3.4	Systemkonfiguration und -integration	1651
3.5	Der Markt	1652
4	Einführung des Ressourcenmanagements	1653
4.1	Ausgangslage und Ziele klären	1653
4.2	Maßanzug gefordert	1654
4.3	Zielführende Fragen zum Lösungsdesign	1654
4.4	Empfehlungen zum Einführungsprozess	1656
5	Zusammenfassung	1656
6	Fragen zur Wiederholung	1657
1.13	**Kosten und Finanzmittel (Cost & finance)**	**1659**
1	Einführung	1661
2	Finanzmittelmanagement	1661
3	Wirtschaftlichkeitsrechnung	1663
3.1	Statische Verfahren	1664
3.1.1	Kostenvergleichsrechnung	1664
3.1.2	Gewinnvergleichsrechnung und Break-Even-Analyse	1664
3.1.3	Rentabilitätsrechnung	1666
3.1.4	Amortisationsrechnung	1666
3.2	Dynamische Verfahren	1667
3.2.1	Kapitalwertmethode	1667
3.2.2	Interne Zinsfußmethode	1668
3.2.3	Annuitätenmethode	1668
3.2.4	Dynamische Amortisationsdauer	1668
3.2.5	Bestimmung des Kalkulationszinsfußes	1669
3.3	Projektdeckungsrechnung	1669
3.4	Risikoanalysen	1670
3.4.1	Korrekturverfahren	1671
3.4.2	Risikokennzahlen und Sensitivitätsanalysen	1671
3.4.3	Wahrscheinlichkeitsschätzungen	1672
3.4.4	Best-Case- und Worst-Case-Betrachtungen	1673
4	Strategisches Kostenmanagement	1674
4.1	Lebenszykluskosten	1674
4.2	Target Costing	1676
4.3	Erfahrungskurveneffekt	1678
4.4	Prozesskostenrechnung	1680
5	Zusammenfassung	1681
6	Fragen zur Wiederholung	1681

7	Checkliste	1682

1.14a Beschaffungsprozess (Procurement) — **1685**

1	Lieferantenbewertung	1687
1.1	Kriterien der Lieferantenbewertung	1687
1.1.1	Quantitative Bewertungskriterien	1687
1.1.2	Qualitative Bewertungskriterien	1688
1.2	Gesamtbewertung der Lieferantenleistung	1688
1.3	Verwendung der Lieferantenbewertung	1689
2	Beschaffungscontrolling	1689
3	Besonderheiten der Beschaffung von Dienstleistungen und Investitionsgütern	1690
4	Zusammenfassung	1690
5	Fragen zur Wiederholung	1690

1.14b Die rechtlichen Grundlagen der Beschaffung: Verträge (Contract) — **1691**

1	Einleitung	1693
2	Vertragsschluss im Internet (E-Procurement)	1693
3	Beweisbarkeit des Vertragsschlusses	1694
4	Einbeziehung von Einkaufsbedingungen in den Vertrag	1695
4.1	Voraussetzungen der Einbeziehung von AGB in den Vertrag	1695
4.2	Einbeziehung von AGB bei kaufmännischem Bestätigungsschreiben	1695
4.3	AGB bei laufenden Geschäftsbeziehungen	1696
4.4	Hinweis auf die Einkaufsbedingungen in der Annahme	1696
4.5	Allgemeine Geschäftsbedingungen auf beiden Seiten	1696
5	Verträge mit Auslandsberührung	1697
5.1	Anwendbares Recht	1697
5.1.1	Rechtswahl	1697
5.1.2	Fehlende Rechtswahl	1698
5.2	UN-Kaufrecht	1698
5.2.1	Inhalt des UN-Kaufrechts	1698
5.2.2	Vertragsschluss nach UN-Kaufrecht	1699
5.3	Vergleich von UN-Kaufrecht und deutschem Recht	1700
6	Zusammenfassung	1700
7	Fragen zur Wiederholung	1701

1.14c Vertragsrecht in der Projektarbeit — **1703**

1	Leistungsstörungen und Rechtsfolgen	1705
1.1	Speziell: Leistungsstörungen im Kaufrecht	1705
1.2	Speziell: Leistungsstörungen im Werkvertragsrecht	1706
1.3	Rechtsfolgen	1707
2	Besonderheiten des Industrieanlagenbaus	1709
3	Internationale Kooperationen (strategische Partnerschaften)	1710
3.1	Vertragliche Grundlagen der Kooperation und des Kooperationsmanagements	1711
3.2	Internationale Vertragsmuster	1713
3.3	Verschiedene Zusammenarbeitsmodelle	1714
4	Vergaberecht, Ausschreibungen	1715
5	Zusammenfassung	1716
6	Fragen zur Wiederholung	1717

1.15	**Konfiguration und Änderungen (Changes)**	**1719**
1	Was ist „Projekt-Konfigurationsmanagement"?	1723
1.1	Auswirkungsumfang des KM – Typisierung der Änderungslandschaft im Projekt	1723
1.2	Änderungen vom Typ 1	1723
1.3	Änderungen vom Typ 2	1724
1.4	Änderungen vom Typ 3	1724
1.5	Änderungen vom Typ 4	1725
2	Die einzelnen Teilgebiete, Methoden und Prozesse des Konfigurationsmanagements (KM)	1725
2.1	Die Konfigurationsidentifizierung (KI) (Konfigurationsbestimmung)	1725
2.1.1	Generelle Betrachtung	1725
2.1.2	Produktstrukturierung und Auswahl von Konfigurationseinheiten (KE)	1726
2.1.3	Festlegen und Handhabung der Produktdokumentation	1728
2.1.4	Nummerierung und Kennzeichnung	1729
2.1.5	Bezugskonfigurationen (Baselines)	1729
2.1.6	Festlegen einer Bezugskonfiguration	1731
2.1.7	Aufstellung und Pflege von Produkt-, Konfigurations- und Dokumentationsbäumen	1733
2.2	Die Konfigurationsüberwachung/-steuerung (KÜ) – Das Änderungsmanagement	1733
2.2.1	Warum ist das Änderungsmanagement so wichtig?	1733
2.2.2	Aufgaben des Änderungsmanagements	1735
2.2.3	Ablauf einer Änderung – der Änderungsprozess	1735
2.2.4	Die Freigabestelle	1738
2.2.5	Dokumentenverwaltung, Dokumentenmanagement, Archivierung	1738
2.2.6	Verifizieren der Änderung	1738
2.2.7	Sonderfreigaben vor und nach Realisierung (Bauabweichung)	1739
2.3	Die Konfigurationsbuchführung (KB) (Konfigurationsverfolgung – Konfigurationsnachweis – Bauzustandsnachweis)	1739
2.3.1	Buchführung und Berichterstattung	1739
2.3.2	DV-Unterstützung der KM-Prozesse	1739
2.4	Die Konfigurationsauditierung (KA) (Produktauditierung)	1740
2.5	Auditierung des Konfigurationsmanagement-Systems (Managementsystem-Auditierung)	1741
2.6	Organisation und Planung des Konfigurationsmanagements (KMO)	1742
2.6.1	Der Konfigurationsmanagement Plan (KMP)	1742
2.6.2	Organisation	1743
2.6.3	Die Änderungsmanagement-Stelle	1744
2.6.4	Der „Konfigurationsausschuss" (Configuration Board oder Configuration Control Board = CCB)	1744
3	Das Software-Konfigurationsmanagement (SKM) und seine Besonderheiten	1745
3.1	Eigenschaften des „Produkts" Software	1745
3.2	Missverständliche Begriffsbildung	1745
3.3	Status quo des SKM	1746
4	Die Mittlerfunktion des KM und das produktzentrierte Projektmanagement (PZPM)	1746
4.1	Das Zusammenspiel von KM mit dem Projektmanagement – Die Vielschichtigkeit der Anwendungsbedingungen	1746
4.2	Produktzentriertes Projektmanagement (PZPM)	1747
5	Software für Konfigurationsmanagement (KM) – Tools für PLM/PDM und SKM	1749
5.1	Generelles	1749
5.2	Tools für PLM/PDM	1749
5.3	Tools für SKM (Software Konfigurationsmanagement)	1751
5.4	Integration der Tools für PDM und SKM	1752
6	Einführung, Verbesserung und organisatorische Integration von Konfigurationsmanagement (KM)	1752
6.1	Generelles	1752
6.2	Vorgehensweisen	1753
6.3	Externe Unterstützung	1753
7	Die neuen Trends im Konfigurationsmanagement	1754

8	Zusammenfassung	1756
9	Fragen zur Wiederholung	1757

1.16 Projektcontrolling: Überwachung, Steuerung und Berichtswesen (Control & reports) — 1759

1.17 Information und Dokumentation (Information & documentation) — 1761

1.18 Kommunikation (Communication) — 1763

1	Einleitung	1765
2	Kommunikationspräferenzen und Denkstile berücksichtigen	1765
2.1	Kommunikationspräferenzen: Lesen oder Hören	1765
2.2	Unterschiedliche Denkstile	1766
2.2.1	Denkstile 1: Linke oder rechte Gehirnhälfte	1766
2.2.2	Denkstile 2: Abstrakt oder konkret	1767
3	Formelle und informelle Kommunikation	1768
3.1	Kennzeichen formeller und informeller Kommunikation	1768
3.2	Formalität der Kommunikation zwischen unterschiedlichen Projektbeteiligten	1768
4	Besprechungen und Sitzungen in Projekten	1769
4.1	Schritte zu einer effektiven Sitzung	1771
4.2	Verschiedene Arten von Sitzungen und Besprechungen	1771
4.3	Moderation als Technik für Sitzungen und Workshops	1772
5	Spezielle Kommunikationssituationen und -aspekte	1774
5.1	Interviews führen	1774
5.2	Feedback geben und annehmen	1774
5.2.1	Regeln für den Feedback-Geber:	1775
5.2.2	Anregungen für den Feedback-Nehmer:	1776
5.3	Kommunikation in virtuellen Projektteams	1776
5.3.1	Virtuelle Kooperation als Herausforderung	1776
5.3.2	Auswirkungen unterschiedlicher Kommunikationsstile	1777
5.4	Sicherheit und Vertraulichkeit in Kommunikationsprozessen	1778
6	Systematisches Kommunikationsmanagement im Projekt	1779
6.1	Leitfragen für die Kommunikationsplanung	1779
6.1.1	Der Inhalt der Kommunikation – das WAS?	1779
6.1.2	Das Ziel der Kommunikation – das WARUM?	1780
6.1.3	Die Festlegung von Verantwortlichkeiten und Zielgruppen – das WER?	1780
6.1.4	Zeitplan bzw. Periodizität der Information – das WANN?	1781
6.1.5	Kommunikationsverteilung und Berichterstattung – das WIE?	1781
6.2	Analyse und Gestaltung der Kommunikationsbeziehungen	1782
6.2.1	Schnittstellenklärung	1782
6.2.2	Aufstellen von Regeln für die Kommunikation	1783
6.3	Der Berichtsplan als wichtiger Baustein der Kommunikationsplanung	1783
6.4	Kommunikation als Herausforderung für das gesamte soziale System „Projekt"	1784
7	Zusammenfassung	1785
8	Fragen zur Wiederholung	1785
9	Anhang: Selbstbewertungstest zur Kommunikation	1786

1.19 Projektstart (Start-up) — 1789

1	Einführung	1791
2	Projektstart und Projektportfolio-Management	1791
2.1	Entwicklung von Projekten und Programmen aus der Unternehmensstrategie	1792
2.2	Ideen-Management	1792
2.3	Projektevaluation und -priorisierung	1793
2.4	Multiprojekt-Ressourcenplanung	1794
3	Den Auftrag hinterfragen – Ausbrechen	1794

3.1	Die Maske 23		1794
3.2	Bedeutung in der Praxis		1796
3.3	Ausbrechen mit System		1797
3.4	Und die Gefahren?		1798
3.5	Eine Kultur des Ausbrechens aufbauen		1799
4	Kommunikation und Führung in der Startphase		1800
4.1	Projektstart-Workshop(s)		1800
4.2	Interne Kommunikation		1802
4.3	Kommunikation nach außen – Projektmarketing		1803
4.4	Führung in der Startphase		1804
4.5	Gestaltung der Zusammenarbeit mit dem Auftraggeber		1804
5	Spezifische Themen und Aspekte in der Startphase		1805
5.1	Projektanforderungen und Projektziele		1805
5.2	Projektstrukturierung		1807
5.3	Projektorganisation		1808
5.4	Projektnutzen und Wirtschaftlichkeit		1809
5.5	Planung der Projektführungs-Instrumente		1810
5.6	Projektleitbild und Charta		1811
6	Der Startprozess als mehrfacher Prozess		1812
7	Zusammenfassung		1813
8	Fragen zur Wiederholung		1813
1.20	**Projektabschluss (Close-out)**		**1815**
1	Einleitung		1817
2	Abnahmeprüfungen		1817
2.1	Zuständigkeit für die Abnahmeprüfung		1818
2.2	Abnahmetest bei einem SW-Produkt		1818
2.3	Abnahmetest bei einem HW-Produkt		1819
2.4	Abnahmetest bei einem System		1820
2.5	Abnahmetest bei einem DV-Verfahren		1820
2.6	Produktbegutachtung bei immateriellen Projektergebnissen		1821
2.7	Protokoll der Abnahmeprüfung		1821
3	Betreuung in der Projekt-Nachfolgephase		1822
3.1	Wartung von SW-Produkten		1823
3.2	Fertigungseinführung von HW-Produktentwicklungen		1824
3.3	Feldeinführung von Systemen		1824
3.4	Anpassung von DV-Verfahren		1825
3.5	Betreuung von Großanlagen		1825
3.6	Schätzung des Wartungs- und Betreuungsaufwands		1826
4	Wirtschaftlichkeitsanalyse am Projektende		1826
4.1	Nachrechnung der Rendite		1827
4.2	Vergleich von Rationalisierungskennzahlen		1828
4.3	Analyse der Produktivitätssteigerung		1829
5	Erfahrungssicherung		1829
5.1	Arten von Erfahrungsdaten		1830
5.1.1	Produkt- und Projektmessdaten		1831
5.1.2	Einflussgrößen		1832
5.1.4	Kennzahlenbildung		1834
5.2	Kennzahlensysteme		1835
5.2.1	Kennzahlen-Hierarchiesysteme		1835
5.2.2	Kennzahlen-Ordnungssysteme		1837
5.2.3	Aufbau eines Kennzahlensystems		1838
5.3	Erfahrungsdatenbank		1839

5.3.1	Inhalt einer Erfahrungsdatenbank	1839
5.3.2	Klassen von Erfahrungsdatenbanken	1841
5.3.3	Informationsstrukturen	1842
6	Zusammenfassung	1843
7	Fragen zur Wiederholung	1844
1.21a	**Normen und Richtlinien**	**1845**
1	Einleitung	1847
2	Normen	1848
2.1	Normenarten	1848
2.2	Nationale Normen für Projektmanagement	1848
2.2.1	Organisation der deutschen Projektmanagement-Normung	1848
2.2.2	Ablauf bei Erstellung einer DIN-Norm	1849
2.2.3	Historische Entwicklung der deutschen Projektmanagement-Normung	1851
2.2.4	Inhalte der deutschen Projektmanagement-Normen	1854
2.2.5	Weitere in Deutschland im Projektmanagement verwendete Normen	1857
3	Zusammenfassung	1857
4	Fragen zur Wiederholung	1858
1.21b	**Normen und Richtlinien**	**1859**
1	Einleitung	1861
2	Ausländische und internationale Normen	1861
2.1	Stand der ausländischen Projektmanagement- Normung	1861
2.2	Organisation und Erstellung von Normen bei der ISO	1862
2.3	Organisation und Erstellung von Normen beim CEN	1863
2.4	Stand der internationalen Projektmanagement-Normung	1863
3	Weitere Projektmanagement-Standards und -Richtlinien	1864
3.1	Ersteller und Bedeutung	1864
3.2	Fachspezifische Richtlinien	1864
3.2.1	IPMA Competence Baseline (ICB)	1864
3.2.2	Guide to the Project Management Body of Knowledge" (PMBOK Guide)	1864
3.2.3	Reifegradmodelle	1865
3.3	Verbands- und branchenspezifische Richtlinien	1866
3.3.1	Verdingungsordnung für Leistungen (VOL) und Vergabe- und Vertragsordnung für Bauleistungen (VOB)	1866
3.3.2	Honorarordnung für Architekten und Ingenieure (HOAI)	1867
3.3.3	Vorgehensmodell (V-Modell)	1868
3.4	Unternehmensspezifische Richtlinien	1868
4	Probleme bei der Normung	1868
5	Zusammenfassung	1870
6	Fragen zur Wiederholung	1871
1.22a	**IT im Projektmanagement**	**1873**
1	Einleitung	1876
2	Klassifizierung von Software für das Projektmanagement	1876
2.1	Kommunikations- und Teamplattformen	1877
2.2	Projektmanagement-Software	1878
2.2.1	Softwarefunktionalität für das Einzelprojektmanagement	1878
2.2.2	Softwarefunktionalität für das Multiprojektmanagement	1880
2.2.3	Softwarefunktionalität für das Projektportfoliomanagement	1882
2.3	Spezifische funktionale Software	1884
2.4	Arbeitsplatzsoftware	1884
2.5	Teachware	1884
3	Chancen und Risiken eines Softwareeinsatzes im Projektmanagement	1885

3.1	Analyse umfangreicher Datenbestände	1885
3.2	Transparenz im Projektgeschehen	1886
3.3	Dokumentation und Erfahrungssicherung	1887
3.4	Unterstützung der Kommunikation	1888
3.5	Konzeption der Softwarenutzung	1888
3.6	Softwaregestützte Planung	1889
4	Zusammenfassung	1890
5	Fragen zur Wiederholung	1890

1.22b IT im Projektmanagement — 1891

1	Einleitung	1893
2	Auswahl und Einführung von Software für das Projektmanagement	1893
2.1	Vorgehensweise im Einführungsprozess	1894
2.1.1	Standortbestimmung und Anforderungsermittlung	1895
2.2	Auswahl geeigneter Produktkandidaten	1897
2.3	Entscheidung für Produkt & Anbieter	1898
2.4	Einführung der ausgewählten Lösung	1899
3	Erfolgsfaktoren der Einführung	1900
4	Integration von PM-Software in vorhandene Softwaresysteme	1901
5	Zusammenfassung	1903
6	Fragen zur Wiederholung	1904

1.23a Critical-Chain-Projektmanagement — 1905

1	Goldratt und die Theory of Constraints	1909
1.1	Eine Analogie: Der Arztbesuch	1909
1.2	Die Methoden effektiven Denkens	1910
1.3	Die Lösungen der Theory of Constraints	1910
2	Ausgangssituation im Projektgeschäft	1911
3	Projekte staffeln: Ressourcen-Management in Multiprojekt-Umgebungen	1911
3.1	Charakteristika einer Multiprojekt-Organisation	1911
3.2	Schwierigkeiten und Probleme einer Multiprojekt-Organisation	1911
3.3	Die Suche nach der Kernursache	1912
3.4	Schädliches Multitasking	1914
3.5	Lösungsansatz: keine lokalen Effizienzen – ein Dilemma	1918
3.6	Ist der Stillstand einer Ressource Verschwendung?	1919
3.7	Die Bedeutung des Engpasses für den Unternehmenserfolg	1920
3.8	Die Staffelung der Projekte	1921
3.8.1	Schritt 1: Identifiziere den Engpass	1922
3.8.2	Schritt 2: Entscheide, wie der Engpass bestmöglich ausgenutzt werden soll	1922
3.8.3	Schritt 3: Ordne alles andere der Entscheidung unter, den Engpass bestmöglich auszunutzen	1923
3.8.4	Schritt 4: Wenn nötig und sinnvoll: erweitere den Engpass	1924
3.8.5	Schritt 5: Wenn der Engpass sich verschoben hat, beginne wieder bei eins	1924
3.9	Zusammenfassung Regel 1	1925
4	Sicherheiten bündeln: Die Kritische Kette im Projekt	1925
4.1	Schätzungen und Sicherheiten	1925
4.2	Verschwendung von Sicherheiten	1927
4.3	Sicherheiten effektiv nutzen	1928
4.3.1	Schritt 1: Identifiziere den Engpass: die kritische Kette	1930
4.3.2	Schritt 2: Entscheide, wie der Engpass optimal ausgenutzt werden soll	1930
4.3.3	Schritt 3: Ordne alles andere der Entscheidung, wie der Engpass optimal ausgenutzt werden soll, unter	1931
4.3.4	Schritt 4: Erweitere den Engpass	1932
4.4	Zusammenfassung Regel 2	1932
5	Projektcontrolling und TaskManagement	1932

5.1	Projektfortschritt	1932
5.2	Pufferverbrauch	1933
5.3	Projektstatus	1934
5.4	TaskManagement	1935
5.5	Multiprojekt-Controlling	1936
5.6	Zusammenfassung Regel 3	1936
6	Zusammenfassung	1937
7	Fragen zur Wiederholung	1937

1.23b Critical-Chain-Projektmanagement — **1939**

1	Wirtschaftlicher Erfolg im Projektgeschäft/Project Business Success	1941
2	Wachstums-Chance	1942
3	Wachstums-Strategie	1942
3.1	Wie groß ist der Markt für das Angebot „Vertragsstrafen bei Verspätung"?	1942
3.2	Wie werden die Vertragsstrafen dimensioniert?	1943
3.3	Wie groß ist der Markt für „kürzere Projektlaufzeiten gegen Premium-Preise?"	1943
3.4	Wie werden die Premium-Preise dimensioniert?	1944
4	Strategie-Umsetzung	1944
4.1	Wettbewerbsvorteile aufbauen	1944
4.1.1	Wettbewerbsvorteil Geschwindigkeit – mehr Geschäft anziehen	1944
4.1.2	Wettbewerbsvorteil Geschwindigkeit – Premiumpreise erzielen	1945
4.2	Wettbewerbsvorteile zu Geld machen	1945
4.2.1	Zuverlässigkeit verkaufen	1946
4.2.2	Vertriebsfokus: Premiumpreise	1946
4.3	Wettbewerbsvorteile aufrecht erhalten	1947
4.3.1	Load-Control	1947
4.3.2	Kapazitäts-Entwicklung	1947
4.4	Zusammenfassung	1948
5	Exkurs 1: Critical Chain Projektmanagement in der Supply Chain (das Triple-WIN-Konzept)	1948
5.1	Unternehmensübergreifende Projekte	1948
5.2	Probleme und Schwierigkeiten	1948
5.3	Dilemma des Lieferanten	1949
5.4	Ursachen	1950
5.5	Lösungsansätze (Das 3WIN-Konzept)	1951
5.6	Zusammenfassung zum Triple-WIN-Konzept	1952
6	Exkurs 2: Welche Projekte lohnen sich?	1952
6.1	Kalkulation der Projektkosten	1952
6.2	Beispiel	1952
6.2.1	Gibt es einen Engpass?	1953
6.2.2	Welche der acht Aufträge lohnen sich mehr, welche lohnen sich weniger?	1954
6.2.4	Welchen Gewinn (oder Verlust) macht das Unternehmen dann?	1955
6.3	Die Bedeutung des Engpasses	1956
6.4	Die neue Kennzahl: Durchsatz pro Engpasseinheit	1956
6.5	Zusammenfassung zu Exkurs 2: Welche Projekte lohnen sich?	1957
7	Fragen zur Wiederholung	1957
7.1	Wettbewerbsvorteile aufbauen, zu Geld machen und aufrecht erhalten	1957
7.2	Triple-WIN-Konzept	1958
7.3	Profitabilität von Projekten	1958

Inhaltsverzeichnis Band 4

2.00	**Macht und Autorität in Projekten**	**1963**
1	Autorität	1965
1.1	Arten der Autorität	1965
1.1.1	Fachautorität	1965
1.1.2	Rollenautorität	1965
1.1.3	Persönliche Autorität	1966
1.2	Eine Autoritätsbeziehung – eine Geschichte aus dem Alltag	1966
1.3	Autoritätsbeziehungen verstehen	1967
2	Eskalation als Machtmittel in Projekten	1969
2.1	Eskalation – das Handwerkszeug	1970
3	Zusammenfassung	1973
4	Fragen zur Wiederholung	1974
2.01	**Führung in internationalen Projektteams**	**1977**
1	Charakteristika internationaler Projekte	1979
1.1	Kulturelle Unterschiede in internationalen Projekten	1979
1.2	Geographische Distanz	1980
1.3	Technologienutzung	1981
1.4	Aufgabenkomplexität	1982
2	Herausforderungen internationaler Projektteams	1983
2.1	Unsicherheit im Umgang mit und unadäquater Einsatz von Kommunikationstechnologie	1984
2.2	Dysfunktionale Auswirkungen eskalierender Konflikte	1985
2.3	Fehlendes Vertrauen und Misstrauen als Auswirkung dysfunktionaler Konflikte	1985
3	Projektmanagement-Kompetenzen im Fokus internationaler Projekte	1986
4	Führung in internationalen Projekten	1987
4.1	Kulturelle Unterschiede und Führung	1987
4.2	Geografische Distanz und Führung	1989
4.3	Technologienutzung und Führung	1990
4.3.1	Kommunikationsstrategie	1990
4.3.2	Schaffung von Vertrauen zwischen den Projektbeteiligten	1991
4.4	Aufgabenkomplexität und Führung	1993
5	Praxisempfehlung: Kickoff eines internationalen Projektes	1994
6	Zusammenfassung	1997
7	Fragen zur Wiederholung	1998
2.02	**Motivation und Engagement (Engagement & motivation)**	**1999**
1	Einleitung	2001
2	Weitere Modelle	2001
2.1	Job-Characteristics-Model nach Hackman & Oldham	2001
2.2	Selbstbestimmungstheorie nach Deci und Ryan	2003
2.3	Das Rubikonmodell nach Heckhausen	2005
2.4	Die Bedeutung von Emotionen	2008
3	Fragen zur Wiederholung	2010
2.03	**Selbststeuerung (Self-control)**	**2011**
1	Einleitung	2013
1.1	Stressbewältigung II	2013
1.1.1	Bei der Wahrnehmung der Anforderungssituation ansetzen	2013
1.1.2	Bei der Einschätzung der eigenen Ressourcen ansetzen	2015
1.1.3	Bei der Bewertung von Chancen und Risiken ansetzen	2016
1.1.4	Bei der Belastbarkeit ansetzen	2016
1.1.5	Bei der Fähigkeit zur Entspannung ansetzen	2017

1.2	Selbststeuerung	2018
1.2.1	Selbstregulation versus Selbsthemmung	2019
1.2.2	Selbstregulation versus Willenshemmung	2020
1.2.3	Selbststeuerung trainieren?	2020
1.3	Stressbremse PM	2021
2	Zusammenfassung	2022
3	Fragen zur Wiederholung	2023
2.04	**Durchsetzungsvermögen (Assertiveness)**	**2025**
1	Einleitung	2027
2	Mit Einwänden und Widerständen umgehen	2027
2.1	Der richtige Umgang mit Einwänden	2027
2.1.1	Einwände anerkennen und aufgreifen	2028
2.1.2	Vorgehensweisen im Umgang mit Einwänden	2028
2.2	Der richtige Umgang mit Ausreden	2029
2.3	Der richtige Umgang mit Unentschlossenen	2029
3	Beziehungsnetze nutzen	2030
3.1	Berufliche Netzwerke aufbauen	2031
3.2	Beziehungspflege in beruflichen Netzwerken	2032
4	Durchsetzungsvermögen im internationalen Kontext	2033
4.1	Kulturunterschiede und Kultureinteilung nach Hall	2033
5	Zusammenfassung	2034
6	Fragen zur Wiederholung	2035
2.05	**Stressbewältigung und Entspannung (Relaxation)**	**2037**
1	Bedingungsbezogene Maßnahmen zur Belastungsvermeidung	2039
1.1	Zur Analyse von Belastungen: Selbstreflexion	2039
1.2	Erhöhte Aufmerksamkeit bei Projektverantwortlichen	2041
1.3	Checkliste zur Vermeidung von Zeitdruck in Projekten	2042
2	Personenbezogene Maßnahmen bei empfundenen Belastungen	2045
2.1	Langfristige Entspannungsübungen: Autogenes Training	2045
2.2	Spannungsabbau in heißen Phasen: Atemübungen	2047
2.3	(Ver-) Spannungsabbau in heißen Phasen: Muskelübungen	2048
3	Zusammenfassung	2051
4	Fragen zur Wiederholung	2051
2.06	**Offenheit (Openness)**	**2053**
1	„Offenheit" als organisationelle Voraussetzung erfolgreicher Projektarbeit	2055
2	Zusammenfassung	2058
3	Fragen zur Wiederholung	2058
2.07	**Kreativität (Creativity)**	**2059**
1	Problemtypen, Arten kreativen Denkens und geeignete Kreativitätstechniken	2061
2	Divergentes und konvergentes Vorgehen beim kreativen/produktiven Denken	2062
3	Drei Grundregeln des fortgeschrittenen kreativen Denkens	2063
3.1	Loslösen von existierenden Lösungen	2063
3.2	Viele Lösungsalternativen entwickeln	2064
3.3	Richtige Zeitpunkte für Kritik und Wertung	2064
4	Voraussetzungen für hohe Kreativität	2065
4.1	Individuelle kreative Eigenschaften	2065
4.2	Organisationsformen und Nutzung von Diversität	2066
4.3	Zeit- und Stress-Management	2066
5	Kreativitäts-Methodiken	2067
5.1	Einleitung	2067

5.2	CPS: Creative Problem Solving	2067
5.3	TRIZ: Theorie zum Lösen erfinderischer Aufgaben	2068
5.4	Das De-Bono-Sechsfarben-Denken („Denkhüte")	2070
5.5	Die Walt-Disney-Strategie	2072
5.6	Die Idealog-Methodik	2073
5.7	InnovationsPotenzial-Compass (IPC)	2074
5.8	Weitere Kreativitäts-Methodiken	2075
6	Fortgeschrittene Kreativitätstechniken	2076
6.1	Kopfstand-Methode	2076
6.2	Destruktiv-konstruktives Brainstorming	2076
6.3	Brainwriting: Kollektives Notizbuch	2077
6.4	Problemlösungsbaum	2078
6.5	Ursache-Wirkungs-(Ishikawa-)Diagramm	2078
6.6	Brainstorm-Mapping	2079
6.7	Galerie-Methode	2080
6.8	Kombinierter Einsatz von Einzeltechniken	2080
7	Praktische Umsetzung von Kreativität im Unternehmen und in komplexen Projekten	2081
7.1	Organisationale Kreativitätsförderung und Betriebliches Vorschlagswesen	2081
7.2	Ideenmanagement	2081
7.3	Projektmanagement und Innovationsmanagement	2082
7.4	Externe Kreativitätsquellen	2083
8	Zukünftige Entwicklungen und Trends	2083
9	Zusammenfassung	2084
10	Fragen zur Wiederholung	2085
2.08	**Ergebnisorientierung (Results orientation)**	**2087**
1	Übergreifende Aspekte	2089
1.1	Ansatz des Total Quality Managements	2089
1.2	Relevanz verwandter Themen	2089
1.3	Auswirkung auf die Projektlandschaft	2090
1.4	Auswirkung auf das externe Umfeld	2091
1.5	International anerkannte Bewertungsmodelle	2092
1.5.1	Project Excellence-Award	2093
1.5.2	Total Quality Management-Modelle	2093
1.6	Moderne Ansätze im Projektmanagement	2095
1.6.1	Scrum	2095
2	Methodische Aspekte	2096
2.1	Die Charakteristika der Projekt-Arten	2096
2.2	Variabilität des Kritischen Pfades	2097
2.3	Phasen-Orientierung	2098
2.4	Projekt (-Laufzeit) versus Projekt-Lebenszyklus	2099
2.5	Innovations-Management/Ideen-Management	2101
3	Soziale und organisatorische Aspekte	2102
3.1	Der intra-personelle Konflikt	2102
3.2	Ergebnisorientierte Führung	2103
4	Kontraproduktive Aspekte	2105
4.1	t/b/t-boxing	2105
4.2	Mafia-Methoden	2105
4.3	Fehlende Unternehmensstrategie	2106
4.4	Entscheidungs-Vakuum im Management	2106
4.5	Änderungs-Wunsch-Konzert	2106
4.6	Risiko- und Konfliktkultur	2106
4.7	Die 7 gelben Engel	2107

4.8	Der zahnlose Tiger	2107
4.9	Das Problem der geschönten business cases	2107
5	Zusammenfassung	2108
6	Erfahrungs-Sicherung (lessons learned)	2109
7	Fragen zur Wiederholung	2109

2.09 Effizienz (Efficiency) — 2111

2.10 Rücksprache und Beratung (Consultation) — 2113

1	Beratung	2115
1.1	Aufgabenbereiche der Beratung	2115
1.2	Rollen der Beratung	2117
1.3	Vertrauensverhältnis in der Beratungsbeziehung	2117
1.4	Wert- und Zielorientierung	2118
1.5	Qualifikation der Berater	2119
1.6	Wissenschaftliche Fundierung der Beratungskonzepte	2119
1.7	Beratungs- und Expertenwissen	2119
1.8	Qualitätssicherung und Evaluation	2120
2	Grenzen der Beratung	2120
2.1	Unterschied zwischen Beratung und Gespräch	2120
2.2	Abgrenzung der Beratung von Ersatzfunktionen	2122
2.3	Abgrenzung in der Rolle des Beraters	2122
2.4	Abgrenzung im Auftragskontext	2122
2.5	Abgrenzung aus der Veränderungsbereitschaft oder -möglichkeit des Klienten	2123
3	Beratungssystem	2123
3.1	Klient	2124
3.2	Berater	2125
3.2.1	Der Fachberater oder Expertenberater	2126
3.2.2	Der Prozessberater oder Begleiter	2127
3.2.3	Das Konzept „Führungskraft als Coach"	2130
4	Handwerkskoffer des Beraters	2131
4.1	Kompetenzen des Beraters	2131
4.2	Voraussetzungen bei den Klienten	2133
5	Beratungsprozess	2134
5.1	Phasenmodelle im Vergleich	2134
6	Zusammenfassung	2135

2.11 Verhandlungen (Negotiation) — 2137

	Verhandlungsmethodik	2140
1	Verhandlungen strategisch planen und führen	2140
1.1	Warum Strategie?	2140
1.2	Warum Vorbereitung?	2140
1.3	Schriftlichkeit und Systematik	2140
1.4	Typische Fehler in der Vorbereitungsphase	2140
2	Schritte für die strategische Verhandlungsvorbereitung	2141
2.1	Das eigene Ziel und den Ziel-Kontext klären	2141
2.2	Alternativen klären	2141
2.3	Beteiligte oder betroffene Personen identifizieren	2142
2.4	Die Interessen aller Beteiligten klären	2142
2.4.1	Die Stakeholder-Analyse des Projektes nutzen	2142
2.5	Beziehungsanalyse zur Vorbereitung einer gute Arbeitsbeziehung	2142
2.5.1	Vorgeschichte und Rollen	2143
2.6	Mögliche Lösungsoptionen entwickeln	2144
2.6.1	Win-Win einplanen	2144

2.7	Objektive Kriterien zur Begründung der Optionen suchen	2144
2.8	Die Verhandlung vorstrukturieren	2144
2.8.1	Verhandlungsverlauf	2144
2.8.2	Kommunikationsprozess	2145
2.8.3	Den Kontext planen und gestalten	2145
3	Verhandlungsnachbereitung und Erfolgskriterien für Verhandlungen	2146
4	Spontane Verhandlungen ohne Vorbereitungsmöglichkeit	2147
5	Taktik in der Verhandlungsführung	2148
5.1	Taktik und Feilschen	2149
5.2	Probleme bei Verhandlungstaktik	2149
5.3	Interkulturelle Dimension	2150
5.4	Hinweise auf sinnvolle taktische Elemente	2150
6	Die Tit-for-Tat-Taktik für schwierige Gespräche	2151
7	Preise verhandeln und mit Preis-Argumenten umgehen	2151
7.1	Preis-Argumente und Kostenfragen einbinden und zurückstellen:	2151
7.2	Konsequenzen für Verhandlungen zur Auftragsklärung	2152
7.3	Die Gegenhandels-Methode für Rabattverhandlungen	2153
7.4	Preise über Kriterien hinterfragen	2153
Gesprächsführung		2154
8	Nonverbales Verhalten in Verhandlungsgesprächen	2154
8.1	Beziehungsaufbau und Rapport	2155
8.2	Pacing	2155
8.3	Leading und Gesprächssymmetrie	2156
8.4	Umfokussierung, Separatoren und Einsatz von Pausen	2157
8.5	Medien-Einsatz und Arbeit mit Ankern	2158
8.5.1	Anker in Verhandlungsgesprächen	2159
8.5.2	Einsatz von Blick-Ankern	2159
8.5.3	Ortswechsel für die Arbeit mit Ankern	2159
9	Schwierige Situationen in Verhandlungen meistern	2160
9.1	Was macht Verhandlungen „schwierig"?	2160
9.2	Einwandbehandlung	2161
9.2.1	Positive Wahrnehmung und Gestaltung der Situation:	2161
9.2.2	Grundsätzliche Schritte zur Einwandbehandlung	2161
9.2.3	Einwand zurückstellen	2162
9.2.4	Ergänzungs – Technik („geschenktes Argument")	2162
9.3	Aufbauende Techniken für Verhandlungsführung und Einwandbehandlung	2163
9.3.1	Hypothesen - Technik	2163
9.3.2	Zirkuläre Fragetechnik	2163
9.3.3	Das „Good-Boy-Bad-Boy"-Spiel	2164
9.4	Killerphrasen abwehren und auflösen	2165
9.4.1	Fragetechniken als Reaktionsmöglichkeit	2165
9.5	Unklare oder emotionalisierte Verhandlungssituationen	2166
9.6	Mangelnde Offenheit oder fehlendes Vertrauen des Verhandlungspartners	2168
9.6.1	Situationsanalyse und Vertrauensbildung	2168
9.6.2	Kommunikative Klärungsansätze	2169
9.7	Die Verhandlung stockt	2170
9.7.1	Vorwände oder fehlende Entscheidungen und Informationen:	2170
9.7.2	Blockaden und unproduktive Gesprächsmuster	2170
9.7.3	Gleichgültigkeit und Desinteresse	2171
9.8	Umgang mit Widerständen	2171
9.8.1	Quellen von Widerstand im Projekt	2171
9.8.2	Allgemeine Symptome für Widerstand	2172
9.8.3	Akzeptanz und positives Verständnis von Widerstand	2172

9.8.4	Möglichkeiten für den Umgang mit Widerständen	2173
9.9	Unerklärliches oder irrationales Verhalten des Verhandlungspartners	2174
9.10	Im äußersten Fall: Warnen statt drohen	2175
10	Zusammenfassung	2175
11	Fragen zur Wiederholung	2176
12	Checkliste	2177

2.12a Konflikte (Conflict) — 2185

1	Konfliktverständnis	2187
1.1	Wahrnehmung, Wahrheit und Wirklichkeit in Projektkonflikten	2187
1.2	Stressreaktionen in Konflikten	2189
1.3	Eskalationsstufen – Auswirkungen und Handlungsempfehlungen	2190
1.4	Die wirtschaftliche Seite von Konflikten – Die Ausmaße des Konfliktschadens	2193
2	Konfliktbearbeitung – alternative Verfahren und angewandte Techniken	2194
2.1	Mediation im Vergleich	2194
2.1.1	Verschiedene Ansätze der Mediation	2195
2.1.2	Mediation im Vergleich zu traditionellen streitigen Verfahren	2195
2.2	Weitere Verfahren zur außergerichtlichen Konfliktregelung – u. a. auch im internationalen Kontext	2197
2.3	Spezielle angewandte Techniken zur Lösung von Konflikten	2198
2.3.1	Den Handlungs- und Lösungsspielraum erweitern durch Reframing (Referenztransformation)	2198
2.3.2	Ein Verfahren zur Ermittlung von Bedürfnissen	2200
2.3.3	Perspektivenwechsel und Wahrnehmungspositionen	2204
2.3.4	GRIT-Technik zur Deeskalation	2205
2.3.5	Das Modell der „Gewaltfreien Kommunikation"	2206
2.3.6	Die Arbeit mit dem „Inneren Team" bei inneren Konflikten	2209
3	Konfliktprävention	2210
3.1	Aktives Beziehungsmanagement	2210
3.2	Die Entwicklung einer Streitkultur im Projekt	2211
3.3	Ein neuer Ansatz: Projektbegleitende Mediation	2212
4	Zusammenfassung	2213
5	Fragen zur Wiederholung	2214

2.12b Krisen – Projektkrisen (Crises) — 2215

1	Krisenverständnis – Krisenmerkmale	2217
1.1	„Typischer" Krisenverlauf und Handlungsmuster	2217
2	Krisenbewältigung	2218
2.1	Spezielle Vorgehensweisen mit externer Unterstützung	2218
2.1.1	Projekt-Audit	2219
2.1.2	Projektsanierung	2219
2.1.3	Projekt-Relaunch	2219
2.1.4	Projektberatung und Coaching	2219
2.1.5	Projektabbruch	2220
2.1.6	Verhandlung, Mediation und Schlichtung	2221
2.2	Weiteres „Handwerkszeug" für kritische Projektphasen	2221
2.2.1	KOPV-Methode	2222
2.2.2	Anregungen aus dem Komplexitätsmanagement und dem vernetzten Denken	2222
3	Krisenvorsorge	2224
3.1	Szenariomanagement	2224
3.2	Entwicklung eines „kulturellen" Frühwarnsystem für sich anbahnende Krisen-Früherkennung durch Achtsamkeit	2225
4	Zusammenfassung	2225
5	Fragen zur Wiederholung	2226

2.13	**Verlässlichkeit (Reliability)**	**2227**
1	Komponenten der Verlässlichkeit beliebiger Systeme	2229
2	Das Zuverlässigkeitsverhalten beliebiger Systeme	2231
2.1	Frühfehlerbereich (Decreasing Failure Rate) DFR	2232
2.2	Zufallsfehlerbereich (Constant Failure Rate) CFR	2233
2.3	Alterungsfehlerbereich (Increasing Failure Rate) IFR	2233
2.4	Mathematische Erfassung der Badewannenkurve	2234
3	Die Zuverlässigkeit des Menschen in soziotechnischen Systemen	2234
3.1	Das Mensch-Maschine-System (MMS)	2234
3.2	Grundlegender Unterschied im Fehlerverhalten von Mensch und Maschine	2235
3.2.1	Der menschliche Fehler	2236
4	Gestaltungsmöglichkeiten der menschlichen Zuverlässigkeit	2237
4.1	Die Bedeutung des menschlichen Fehlers im MMS	2237
4.2	Das Belastungs-Beanspruchungs-Modell	2238
4.3	Das Stress-Strength-Modell für technische Systeme	2241
4.4	Das THERP-Verfahren zur Gestaltung der Zuverlässigkeit von MMS	2242
4.5	Gestaltung der Zuverlässigkeit von MMS auf Basis des Fehlerratenverlaufes	2243
4.6	Zuverlässigkeitserhöhung durch Redundanz	2244
5	Zusammenfassung	2245
6	Fragen zur Wiederholung	2246
2.14	**Wertschätzung (Values appreciation)**	**2247**
1	Wertschätzendes Coaching von Projektleitern	2249
1.1	Vom höflichen Gespräch zum gemeinsamen Gedankenfluss	2250
1.1.1	Das Dialogmodell nach Isaacs	2250
1.1.2	Die Zwei-Spalten-Methode nach Ross und Kleiner	2252
1.2	Wertschätzung von sozialen Systemen	2253
1.2.1	Werte als Fundamente für Kulturen	2253
1.2.2	Projekte als Subkultur – Nukleus für kulturelle Veränderungen	2256
1.2.3	Lernende Organisation: Ein- und Doppelschleifen-Lernen	2258
1.3	Wertschätzung des Projektmanagements im Unternehmen	2258
2	Zusammenfassung	2260
3	Fragen zur Wiederholung	2260
2.15	**Ethik (Ethics)**	**2261**
1	Einleitung	2263
2	Ethikmodell	2263
3	Korrelat der Projektarten auf Moral, Konflikt und Lebensfähigkeit	2264
4	Methodik zur Ethik- und Moralbeurteilung von Projekten	2266
5	Zusammenfassung	2268
6	Fragen zur Wiederholung	2268
7	Checkliste	2269
3.00	**Projektmanagement und Unternehmensstrategie**	**2271**
1	Einführung	2273
2	Institutionelle Verankerung der strategischen Steuerung in der Organisation	2273
2.1	„Steuerungshebel" in der Organisation	2273
2.2	Weitere Prinzipien des strategiegesteuerten Projektmanagements	2274
3	Ausblick	2275
4	Fragen zur Wiederholung	2275
3.01	**Projektorientierung (Project orientation)**	**2277**
1	Der Begriff der projektorientierten Organisation	2279
1.1	Projektgesellschaft	2279

1.2	Projektbasierte Organisation	2279
1.3	Projektorientierte Organisation	2280
2	Gestaltung projektorientierter Organisationen	2280
2.1	Projektorientiertes, organisatorisches Design	2280
2.2	Prozesse projektorientierter Organisationen	2281
2.3	Ergebnisse projektorientierter Organisationen	2283
3	Projektorientierung als Reifegrad einer Organisation	2284
4	Das Reifegradmodell CMMI	2286
4.1	Inhalte und Struktur von CMMI	2286
4.2	CMMI in der Umsetzung	2288
4.2.1	Initialisierung und Definition	2288
4.2.2	Projektplanung und -durchführung	2289
4.2.3	Projektabschluss und offizielles Assessment eines Reifegrades	2291
4.3	Projektorientierung und CMMI	2291
5	Kerzners Project Management Maturity Model (PMMM)	2292
6	Bewertung von Reifegradmodellen	2296
7	Fragen zur Wiederholung	2297

3.02 Programmorientierung (Programme orientation) — 2299

1	Programmorientierung als strategisches Instrument	2301
2	Praxisbeispiel für ein programmorientiertes Unternehmen	2301
3	Zukunft der Programmorientierung	2304
3.1	Aufstiegschancen in Programm- und Projektorientierten Unternehmen	2305
3.2	Strukturierung und Umgang mit Programmorientierung	2305
3.3	Programmorientierung als unternehmerisches Erfolgsmodell?	2305
4	Zusammenfassung	2306
5	Fragen zur Wiederholung	2306

3.03 Portfolioorientierung (Portfolio orientation) — 2307

1	Strategien zur Optimierung des Projektportfolios	2309
1.1	Minimierungsstrategie	2309
1.2	Maximierungsstrategie	2309
1.3	Anwendung der Optimierungsstrategien	2309
2	Priorisierung von Projekten	2310
2.1	Visualisierungstechniken	2310
2.2	Priorisierungsmethoden	2311
2.3	Flexibilität des Priorisierungsverfahrens	2312
3	Prioritätsorientierte Ressourcenallokation	2314
4	Nutzencontrolling im Projektportfolio	2316
5	Projektübergreifendes Projektwissensmanagement	2317
6	Zusammenfassung	2320
7	Fragen zur Wiederholung	2322

3.04 Einführung von Projekt-, Programm- und Portfoliomanagement (Project, programme & portfolio implementation) — 2323

1	Instrumente zur Standortbestimmung bei der PPP Einführung	2325
1.1	Kategorisierung der Instrumente zur Standortbestimmung	2325
1.2	Projektmanagement-Verständnis und Referenzdokumentation	2326
1.2.1	Branchenspezifische Verfahren	2326
1.2.2	Branchenunabhängige Verfahren	2326
1.3	Verfahren mit fester Sollvorgabe versus reifegradorientierte Verfahren	2328
1.3.1	Verfahren mit fester Soll-Vorgabe	2329
1.3.2	Reifegradorientierte Verfahren	2329
1.3.3	Schrittweises Lernen in Reifegradstufen	2330

1.3.4	Reifegradmodelle und PPP-Einführung	2332
1.4	Bewertungsgegenstand der Instrumente zur Standortbestimmung	2333
2	Praktische Anwendung der Instrumente zur Standortbestimmung	2334
2.1	Führen von Interviews mit den Beteiligten	2334
2.2	Durchführung einer Selbstbewertung mit Fragebögen	2336
2.3	Workshops zur Standortbestimmung	2337
2.4	Großgruppenveranstaltungen	2338
3	Fragen zur Wiederholung	2340

3.05 Stammorganisation (Permanent Organisation) — 2341

1	Management by Projects	2343
1.1	Ziele von Management by Projects	2343
1.2	Erfolgsfaktoren	2343
1.3	Glaubenssätze, die es zu überwinden gilt	2344
2	Prozessmanagement	2345
2.1	Strategische Prozessorganisation	2345
2.2	Prozessgestaltung	2345
3	Analyse der Schnittstelle „Projektmitarbeiter"	2347
3.1	Identifikation	2347
3.2	Wahrgenommene gegenseitige Abhängigkeit	2348
3.3	Rollenverständnis	2348
3.4	Kooperationsstrategien	2349
3.5	Soziale Kontakte	2349
3.6	Konfliktbearbeitung	2350
4	Diagnose der Unternehmenskultur	2350
4.1	Kulturoberfläche	2351
4.2	Kulturkern	2351
5	Veränderungsanalyse	2352
6	Partizipation	2353
6.1	Formen der Partizipation von Stakeholdern	2353
6.2	Theorie vs. Praxis	2354
7	Lernzyklus	2355
7.1	Relevante Fragestellungen für das Projektmanagement	2355
7.2	Wissensgebiete in der Stammorganisation	2356
8	Zusammenfassung	2356
9	Fragen zur Wiederholdung	2357

3.06 Geschäft (Business) — 2359

1	Einleitung	2361
2	Wirtschaftlichkeitsrechnung für Projekte	2361
2.1	Überblick	2361
2.2	Methoden der Wirtschaftlichkeitsrechnung	2363
2.3	Sensitivitätsanalysen und Fortschreibung der Wirtschaftlichkeitsbetrachtungen	2368
3	Controlling von PPP mit Balanced Scorecards	2369
4	PPP-Aufgaben und PPP-Optimierung	2373
4.1	PPP-Aufgaben	2373
4.2	PPP-Optimierung am Beispiel von Project Excellence	2374
5	Zusammenfassung	2375
6	Fragen zur Wiederholung	2376

3.07 Systeme, Produkte und Technologie (Sytems, products & technology) — 2377

1	Ausgewählte Aspekte der Systementwicklung	2379
2	Analyse der Ausgangssituation	2380
3	Klärung von Zielen und Anforderungen	2381

3.1	Zielformulierung	2381
3.2	Anforderungsbeschreibung	2383
3.3	Lastenheft und Pflichtenheft	2385
3.4	Quality Function Deployment	2385
4	Systemgestaltung	2387
4.1	Systemarchitekturgestaltung	2387
4.2	Systementwicklung	2388
4.3	Wertanalyse	2390
5	Systemintegration und -verifikation	2391
6	Zusammenfassung	2394
7	Fragen zur Wiederholung	2395

3.08 Personalmanagement (Personnel management) — **2397**

1	Einleitung	2399
2	Beurteilung von Projektpersonal	2399
2.1	Verfahren zur Leistungsbeurteilung	2400
2.1.1	Merkmalsorientierte Verfahren	2400
2.1.2	Zielorientierte Verfahren	2402
2.2	Beurteilung aus der Linie oder aus dem Projekt?	2402
2.3	Das-360-Grad-Feedback	2403
2.4	Team- oder Einzelbeurteilung	2404
3	Qualifizierung und Entwicklung von Projektpersonal	2405
3.1	Qualifizierung durch Zertifizierung	2406
3.2	Weitere Entwicklungsmaßnahmen	2408
3.3	Personalentwicklung durch den Einsatz in Projekten	2410
3.4	Karriere im Projektmanagement	2411
3.5	Der Aufbau von Karrierepfaden	2412
4	Leistungsbezogene Vergütung bei Projekten	2414
5	Zusammenfassung	2415
6	Fragen zur Wiederholung	2416

3.09 Gesundheit, Sicherheit und Umwelt (Health, security, safety & environment) — **2417**

1	Netzwerke: Wer macht was?	2419
1.1	Ansprechpartner und Experten zu GSU auf Unternehmensebene	2419
1.1.1	Betriebsarzt	2419
1.1.2	Betriebssanitäter und Ersthelfer	2420
1.1.3	Fachkraft für Arbeitssicherheit (SiFa)	2420
1.1.4	Sicherheitsbeauftragter (SiB)	2421
1.1.5	Umweltschutzbeauftragter	2421
1.1.6	Weitere innerbetriebliche Institutionen und Netzwerkpartner	2422
1.2	Außerbetriebliche Institutionen	2423
1.2.1	Das duale Arbeitsschutzprinzip	2423
1.2.2	Zusammenarbeit zwischen Unternehmen und staatlichen Aufsichtsbehörden sowie Berufsgenossenschaften	2424
1.2.3	Staatlicher Arbeitsschutz	2425
2	Spezielle Themen	2425
2.1	Wiedereingliederungsmanagement (Disability Management)	2425
2.2	Grundlagen eines betrieblichen Gesundheitsmanagements	2426
2.3	GSU in Integrierten Managementsystemen	2426
2.4	Aging workforce	2427
3	Zusammenfassung	2429
4	Fragen zur Wiederholung	2429

3.10	**Finanzierung (Finance)**	**2431**
1	Finanzplanung	2433
1.1	Finanzwirtschaftliche Grundbegriffe	2433
1.2	Finanzplanerstellung	2435
1.3	Modellcharakter	2439
1.4	Modularität	2441
2	Prognose	2442
2.1	Prognosefelder	2442
2.2	Prognoseverfahren	2443
3	Risiko	2444
3.1	Begriffe	2444
3.2	Formen der Risikoanalyse	2445
3.2.1	Qualitative Risikoanalyse	2445
3.2.2	Quantitative Risikoanalyse	2446
4	Zusammenfassung	2448
5	Fragen zur Wiederholung	2449
3.11	**Rechtliche Aspekte: Besonderheiten bei Auftragsprojekten von Kunden (Legal)**	**2451**

Literaturverzeichnis Übersicht

Band 1

Grundannahmen eines kompetenzbasierten Projektmanagements		**2453**
A	Verwendete Literatur	2453
1.00a	**Projekte, Projektmanagement und PM-Prozesse**	**2454**
A	Verwendete Literatur	2454
1.00b	**Projektarten**	**2455**
A	Verwendete Literatur	2455
1.01	**Projektmanagementerfolg**	**2455**
A	Verwendete Literatur	2455
B	Weiterführende Literatur	2455
1.02	**Interessengruppen / Interessierte Parteien**	**2456**
A	Verwendete Literatur	2456
B	Weiterführende Literatur	2458
1.03	**Projektanforderungen und Projektziele**	**2458**
A	Verwendete Literatur	2458
B	Weiterführende Literatur	2459
1.04	**Risiken und Chancen**	**2460**
A	Verwendete Literatur	2460
B	Weiterführende Literatur	2460
1.05	**Qualität**	**2461**
A	Verwendete Literatur	2461
B	Normen	2461
1.06	**Projektorganisation**	**2462**
A	Verwendete Literatur	2462
B	Weiterführende Literatur	2462

1.07	**Teamarbeit**		**2463**
A	Verwendete Literatur		2463
B	Weiterführende Literatur		2464
1.08	**Problemlösung**		**2464**
A	Verwendete Literatur		2464
B	Weiterführende Literatur		2465
1.09	**Projektstrukturen**		**2465**
A	Verwendete Literatur		2465
B	Weiterführende Literatur		2465
1.10	**Leistungsumfang und Lieferobjekte**		**2465**
A	Verwendete Literatur		2465
B	Weiterführende Literatur		2466
1.11a	**Projektphasen**		**2466**
A	Verwendete Literatur		2466
1.11b	**Ablauf und Termine**		**2467**
A	Verwendete Literatur		2467
B	Weiterführende Literatur		2467
1.12	**Ressourcen**		**2467**
A	Verwendete Literatur		2467
B	Weiterführende Literatur		2467
1.13	**Kosten und Finanzmittel**		**2467**
A	Verwendete Literatur		2467
B	Weiterführende Literatur		2468
1.14a	**Beschaffungsprozess**		**2469**
A	Verwendete Literatur		2469
B	Weiterführende Literatur		2469
1.14b	**Die rechtlichen Grundlagen der Beschaffung: Verträge**		**2470**
A	Verwendete Literatur		2470
B	Weiterführende Literatur		2470
1.14c	**Vertragsrecht in der Projektarbeit**		**2470**
A	Verwendete Literatur		2470
B	Weiterführende Literatur		2470
1.15	**Konfiguration und Änderungen**		**2470**
A	Verwendete Literatur		2470
1.16a	**Projektcontrolling: Überwachung, Steuerung und Berichtswesen**		**2472**
A	Verwendete Literatur		2472
B	Weiterführende Literatur		2472
1.16b	**Projektcontrolling: Überwachung, Steuerung und Berichtswesen**		**2473**
A	Verwendete Literatur		2473
B	Weiterführende Literatur		2473
1.17	**Information und Dokumentation**		**2474**
A	Verwendete Literatur		2474
B	Weiterführende Literatur		2474

1.18	**Kommunikation**		**2474**
A	Verwendete Literatur		2474
1.19	**Projektstart**		**2475**
A	Verwendete Literatur		2475
B	Weiterführende Literatur		2475
1.20	**Projektabschluss**		**2476**
A	Verwendete Literatur		2476
B	Weiterführende Literatur		2476

Band 2

2.00	**Macht und Autorität in Projekten**		**2477**
A	Verwendete Literatur		2477
2.01	**Führung**		**2477**
A	Verwendete Literatur		2477
B	Weiterführende Literatur		2478
2.02	**Motivation und Engagement**		**2478**
A	Verwendete Literatur		2478
2.03	**Selbststeuerung**		**2479**
A	Verwendete Literatur		2479
B	Weiterführende Literatur		2479
2.04	**Durchsetzungsvermögen**		**2480**
A	Verwendete Literatur		2480
B	Weiterführende Literatur		2480
2.05	**Stressbewältigung und Entspannung**		**2480**
A	Verwendete Literatur		2480
B	Weiterführende Literatur		2481
2.06	**Offenheit**		**2481**
A	Verwendete Literatur		2481
B	Weiterführende Literatur		2481
2.07	**Kreativität**		**2482**
A	Verwendete Literatur		2482
B	Weiterführende Literatur		2482
2.08	**Ergebnisorientierung**		**2483**
A	Verwendete Literatur		2483
2.09	**Effizienz**		**2483**
A	Verwendete Literatur		2483
B	Weiterführende Literatur		2483
2.10	**Rücksprache und Beratung**		**2484**
A	Verwendete Literatur		2484
B	Weiterführende Literatur		2484
2.11	**Verhandlungen**		**2484**
A	Verwendete Literatur		2484
B	Weiterführende Literatur		2485

2.12a	**Konflikte**		**2486**
A	Verwendete Literatur		2486
B	Weiterführende Literatur		2486
2.12b	**Krisen – Projektkrisen**		**2486**
A	Verwendete Literatur		2486
2.13	**Verlässlichkeit**		**2487**
A	Verwendete Literatur		2487
B	Weiterführende Literatur		2487
2.14	**Wertschätzung**		**2487**
A	Verwendete Literatur		2487
B	Weiterführende Literatur		2487
2.15	**Ethik**		**2488**
A	Verwendete Literatur		2488
B	Weiterführende Literatur		2488
3.00	**Projektmanagement und Unternehmensstrategie**		**2488**
A	Verwendete Literatur		2488
3.01	**Projektorientierung**		**2489**
A	Verwendete Literatur		2489
B	Weiterführende Literatur		2490
3.02	**Programmorientierung**		**2490**
A	Verwendete Literatur		2490
B	Weiterführende Literatur		2490
3.03	**Portfolioorientierung**		**2490**
A	Verwendete Literatur		2490
B	Weiterführende Literatur		2491
3.04	**Einführung von Projekt-, Programm- und Portfoliomanagement**		**2491**
A	Verwendete Literatur		2491
B	Weiterführende Literatur		2492
3.05	**Stammorganisation**		**2492**
A	Verwendete Literatur		2492
B	Weiterführende Literatur		2493
3.06	**Geschäft**		**2493**
A	Verwendete Literatur		2493
B	Weiterführende Literatur		2493
3.07	**Systeme, Produkte und Technologie**		**2493**
A	Verwendete Literatur		2493
B	Weiterführende Literatur		2494
3.08	**Personalmanagement**		**2494**
A	Verwendete Literatur		2494
B	Weiterführende Literatur		2495
3.09	**Gesundheit, Sicherheit und Umwelt**		**2495**
A	Verwendete Literatur		2495

3.10	**Finanzierung**		**2495**
A	Verwendete Literatur		2495
B	Weiterführende Literatur		2496
3.11	**Rechtliche Aspekte: Besonderheiten bei Auftragsprojekten von Kunden**		**2496**
A	Verwendete Literatur		2496
B	Weiterführende Literatur		2496
C	Abkürzungsverzeichnis		2496

Band 3 (Vertiefungswissen)

1.01	**Projektmanagementerfolg**		**2497**
A	Verwendete Literatur		2497
B	Weiterführende Literatur		2497
1.02	**Interessengruppen/Interessierte Parteien**		**2497**
A	Verwendete Literatur		2497
B	Weiterführende Literatur		2498
1.03	**Projektanforderungen und Projektziele**		**2499**
A	Verwendete Literatur		2499
B	Weiterführende Literatur		2500
1.04	**Risiken und Chancen**		**2500**
A	Verwendete Literatur		2500
B	Weiterführende Literatur		2500
1.05	**Qualität**		**2501**
A	Verwendete Literatur		2501
B	Weiterführende Literatur		2501
C	Normen		2502
D	Internet-Quellen		2502
1.06	**Projektorganisation**		**2502**
A	Verwendete Literatur		2502
B	Weiterführende Literatur		2503
1.07	**Teamarbeit**		**2504**
A	Verwendete Literatur		2504
B	Weiterführende Literatur		2504
1.08	**Problemlösung**		**2504**
A	Verwendete Literatur		2504
B	Weiterführende Literatur		2505
1.09	**Projektstrukturen**		**2505**
A	Verwendete Literatur		2505
B	Weiterführende Literatur		2505
1.10	**Leistungsumfang und Lieferobjekte**		**2506**
A	Verwendete Literatur		2506
B	Weiterführende Literatur		2506
1.11a	**Projektphasen**		**2506**
A	Verwendete Literatur		2506

1.11b	**Ablauf und Termine**		**2507**
A	Verwendete Literatur		2507
B	Weiterführende Literatur		2507
1.12	**Ressourcen**		**2508**
A	Verwendete Literatur		2508
1.13	**Kosten und Finanzmittel**		**2508**
A	Verwendete Literatur		2508
B	Weiterführende Literatur		2508
1.14a	**Beschaffungsprozess**		**2509**
A	Verwendete Literatur		2509
B	Weiterführende Literatur		2509
1.14b	**Die rechtlichen Grundlagen der Beschaffung: Verträge**		**2509**
A	Verwendete Literatur		2509
B	Weiterführende Literatur		2509
1.14c	**Vertragsrecht in der Projektarbeit**		**2509**
A	Verwendete Literatur		2509
B	Weiterführende Literatur		2510
1.15	**Konfiguration und Änderungen**		**2510**
A	Verwendete Literatur		2510
1.16	**Projektcontrolling: Überwachung, Steuerung und Berichtswesen**		**2512**
1.17	**Information und Dokumentation**		**2512**
1.18	**Kommunikation**		**2512**
A	Verwendete Literatur		2512
B	Weiterführende Literatur		2513
1.19	**Projektstart**		**2514**
A	Verwendete Literatur		2514
1.20	**Projektabschluss**		**2514**
A	Verwendete Literatur		2514
B	Weiterführende Literatur		2514
1.21a	**Normen und Richtlinien**		**2514**
A	Verwendete Literatur		2514
B	Weiterführende Literatur		2515
1.21b	**Normen und Richtlinien**		**2515**
A	Verwendete Literatur		2515
B	Weiterführende Literatur		2515
1.22a	**IT im Projektmanagement**		**2515**
A	Verwendete Literatur		2515
1.22b	**IT im Projektmanagement**		**2516**
A	Verwendete Literatur		2516
1.23a	**Critical-Chain-Projektmanagement**		**2517**
A	Verwendete Literatur		2517
B	Weiterführende Literatur		2517

1.23b	**Critical-Chain-Projektmanagement**		**2517**
A	Verwendete Literatur		2517
B	Weiterführende Literatur		2517
C	Romane zur Theory of Constraints		2517
D	Web-Seiten		2518

Band 4 (Vertiefungswissen)

2.00	**Macht und Autorität in Projekten**		**2519**
A	Verwendete Literatur		2519
2.01	**Führung in internationalen Projektteams**		**2519**
A	Verwendete Literatur		2519
B	Weiterführende Literatur		2522
2.02	**Motivation und Engagement**		**2522**
A	Verwendete Literatur		2522
2.03	**Selbststeuerung**		**2522**
A	Verwendete Literatur		2522
B	Weiterführende Literatur		2523
2.04	**Durchsetzungsvermögen**		**2523**
A	Verwendete Literatur		2523
B	Weiterführende Literatur		2523
2.05	**Stressbewältigung und Entspannung**		**2523**
A	Verwendete Literatur		2523
2.06	**Offenheit**		**2524**
A	Verwendete Literatur		2524
B	Weiterführende Literatur		2524
2.07	**Kreativität**		**2524**
A	Verwendete Literatur		2524
B	Weiterführende Literatur		2525
2.08	**Ergebnisorientierung**		**2525**
A	Verwendete Literatur		2525
B	Weiterführende Literatur		2526
2.09	**Effizienz**		**2526**
2.10	**Rücksprache und Beratung**		**2526**
A	Verwendete Literatur		2526
B	Weiterführende Literatur		2527
2.11	**Verhandlungen**		**2527**
A	Verwendete Literatur		2527
B	Weiterführende Literatur		2528
C	Nützliche Internet-Adressen		2528
2.12a	**Konflikte**		**2529**
A	Verwendete Literatur		2529
B	Weiterführende Literatur		2529
C	Links im Internet		2530

2.12b	**Krisen – Projektkrisen**	**2530**
A	Verwendete Literatur	2530
B	Weiterführende Literatur:	2530
2.13	**Verlässlichkeit**	**2530**
A	Literatur	2530
B	Weiterführende Literatur	2531
2.14	**Wertschätzung**	**2531**
A	Verwendete Literatur	2531
B	Weiterführende Literatur	2531
2.15	**Ethik**	**2531**
A	Verwendete Literatur	2531
3.00	**Projektmanagement und Unternehmensstrategie**	**2532**
A	Verwendete Literatur	2532
B	Weiterführende Literatur	2532
3.01	**Projektorientierung**	**2533**
A	Verwendete Literatur	2533
B	Weiterführende Literatur	2533
3.02	**Programmorientierung**	**2534**
A	Verwendete Literatur	2534
B	Weiterführende Literatur	2534
3.03	**Portfolioorientierung**	**2534**
A	Verwendete Literatur	2534
B	Weiterführende Literatur	2535
3.04	**Einführung von Projekt-, Programm- und Portfoliomanagement**	**2535**
A	Verwendete Literatur	2535
B	Weiterführende Literatur	2536
3.05	**Stammorganisation**	**2536**
A	Verwendete Literatur	2536
B	Weiterführende Literatur	2536
3.06	**Geschäft**	**2536**
A	Verwendete Literatur	2536
B	Weiterführende Literatur	2537
3.07	**Systeme, Produkte und Technologie**	**2537**
A	Verwendete Literatur	2537
B	Weiterführende Literatur	2537
3.08	**Personalmanagement**	**2537**
A	Verwendete Literatur	2537
B	Weiterführende Literatur	2538
3.09	**Gesundheit, Sicherheit und Umwelt**	**2539**
A	Weiterführende Literatur	2539
3.10	**Finanzierung**	**2539**
A	Verwendete Literatur	2539
B	Weiterführende Literatur	2539
3.11	**Rechtliche Aspekte: Besonderheiten bei Auftragsprojekten von Kunden**	**2540**

Stichwortverzeichnis

0-9

0. Gebot im Projekt	703, 704
0-100-Verfahren (-Methode)	600
360-Grad-Feedback	2403, 2415
3WIN-Konzept	1951
4-L-C	13
50-50-Verfahren (-Methode)	600
5-M-Methode (siehe auch: Ursache-Wirkungs-Diagramm)	286
5-Phasen-Modell (Phasen der Teamentwicklung)	238, 240
6 Hüte (n. de Bono) (siehe auch: Denkhüte)	1530, 2070
90-Prozent-Syndrom	563, 598

A

ABC-Analyse	287, 1530
Abhängigkeiten	33, 367, 420, 624, 773
Ablauf- und Terminplanung	370, 374, 708, 1628
Ablauforganisation (Stammorganisation)	184, 211, 1207, 2341
Abmahnung	1708
Abnahme	911, 1345, 1351
Abnahmeprotokoll	1352
Abnahmeprüfung / Abnahmetest	733, 1817
Abschluss, DIN Phase	38
Abschlusssitzung	750
Abschreibungen	437
Abwehrklausel	1697
Abweichungsanalyse	458, 577, 741
Abwicklungserfolg	1370
Abzinsung	1310, 2366
Actual Cost of/for Work Performed (ACWP)	613
Adaptive Software Development (ASD)	1611
Additive Prognose	610
Agiles Manifest	1612
Agiles Projektmanagement	1608, 1614
Aging workforce	2427
AHO	357
Aktionsplanung (Stakeholder)	83, 1331
Aktives Zuhören	669, 855, 984
Aktivitätsorientierte Gliederung (PSP)	320
Akzeptanzmatrix	1191
Akzeptanzprojekt	48
Akzeptanztest	1820
Allgemeine Geschäftsbedingungen	511, 1696
Amortisationsrechnung	1666, 2364
Ampelbericht	585
Analogiemethoden (Kosten und Finanzmittel)	448
Analogietechniken (Kreativität)	897
Änderung	345, 523
Änderungsantrag	537, 635, 1736
Änderungsausschuss	203, 1744
Änderungsmanagement	537, 544
Änderungsprozess	1187, 1735
Anfang-Anfang-Beziehung (Anfangsfolge)	379, 381
Anfang-Ende-Beziehung (Sprungfolge)	379, 381
Anforderungen / Anforderungsarten	99, 1284, 1403
Anforderungsmanagement (Requirement Management)	167
Anforderungspriorisierung	1404
Anforderungsprofil Projektleitung	1284, 1472
Angebotseinholung, -prüfung, -vergleich	477, 478
Annahme	7, 345, 496
Annahmefrist	497
Annuitätenmethode	1668, 2366
Anordnungsbeziehung (AOB)	375, 378, 383
Anreizsystem / Motivation	627, 791, 1061, 1356, 1999
Antrag (Angebot)	404, 477, 494
Antragsteller	204, 1736
Anwendungserfolg	1370
Appreciative Inquiry	1086
Arbeitsbegleitkarte	564
Arbeitsfortschritt	427
Arbeitsgemeinschaft (ARGE)	1465
Arbeitskraftunternehmer	866
Arbeitspaketbeschreibung	194, 322, 396
Arbeitspaketverantwortlicher	314
Arbeitsplatzsoftware	1884
Arbeitsschutz- und Umweltrecht	1301
Arbeitsschutzämter	2424
Arbeitsschutzgesetz (ASchG)	1302
Arbeitssicherheitsgesetz (ASiG)	1301
Arbeitsstättenverordnung	1302
Arbeitsunfall	2424
Arbeitszufriedenheit	877, 2001
Archetypen von Institutionen	2255
Archivierung	642, 748, 1738
Assessment (QM)	172
Assessment (von Organisationen)	1454
Assessment Center	1289
Assessment-Modelle (Übersicht)	1454
Assoziations-Techniken	894
Audit	171, 2219
Aufbauorganisation	188, 1128, 1211, 1225, 1257
Aufbewahrung von Projektunterlagen	748
Auftraggeber und Auftragnehmer	195, 715
Auftragsklärung	704, 1194, 2152
Auftragsprojekte	43, 1323, 1662
Aufwand	360, 435, 567, 622, 2434
Aufwände einlasten	418
Aufwandsschätzung	444, 1840
Aufwand-Trendanalyse (ATA)	580
Ausführungsplan	357, 373
Ausgaben / Auszahlungen / Aufwendungen	434, 435, 1433
Auslastungsgrad	410, 1856
Ausschreibungen	1715
Außenkonsortium	1711, 1712
Autonome Projektorganisation	207, 1470
Autorität	763, 844, 848, 1354, 1963
Axiome der Kommunikation	658

B

Badewannenkurve+A143	2231
Balanced Scorecard	621, 2369
Balkenplan / Balkendiagramm	384, 397, 573
Baseline	534, 1729, 1864
Basisplan	572
Basiszertifikat im Projektmanagement (GPM)	15, 1146
BATNA (Harvard-Konzept)	960, 963, 979
Baustellenverordnung	1302
Bearbeitungsaufwand	415
Bedürfnispyramide (n. Maslow)	812
Bedürfnisse	699, 1006, 2200
Beeinflussungsmatrix	1537
Befugnisse / Delegation	193, 784, 1083, 1427
Belastung (Ressourcenplanung)	414, 1637
Belastung und Beanspruchung	1299, 2241
Belastungsabgleich	419
Belastungsdiagramm (Ressourceneinsatzplanung)	421, 1636
Belbin Teamrollen	250, 878
Benchmarking	59, 1372, 1453, 2331

Berater (B. Im Projekt)	204, 1283, 2113
Beratung (Rollen der B.)	2117
Beratungsprozess	2134
Beratungssystem	2123
Bericht (Produktabnahmebericht)	736
Bericht (Projektabschlussbericht)	749
Bericht (Projektanalysebericht)	743
Bericht (Synonym: Projektbericht)	584, 753, 1783
Berichterstattung (Synonym: Projektberichterstattung)	151, 582, 1739, 1781
Berichtsplan (Synonym: Berichtsbedarfsmatrix)	1783
Berichtswesen (Synonym: Projektberichtswesen)	551, 591, 1348, 1689
Berufsgenossenschaften und Unfallkassen	2424
Berufsgenossenschaftliche Vorschrift	1303
Beschaffung	469
Beschaffungscontrolling	471, 1689
Beschaffungsprozess	467
Besprechungen	1478, 1769
Best Practice	1457, 1865, 2284, 2374
Bestätigungsschreiben	499, 508, 1695
Best-Case- und Worst-Case-Betrachtungen	1673
Bestellung	483
Betreibermodell	1319, 1714
Betrieblicher Gesundheitsschutz	1303
Betriebliches Vorschlagswesen	2081
Betriebsarzt	2419
Betriebssanitäter	2420
Beweislast	737, 1694
Bewilligungsgremium	202
Beziehungsnetze	2030
Bezugskonfiguration	534, 545, 1729
Big Five	876, 1487
Bilanz	1183, 2435
Bindungswille	495, 1699
Blog	645
Bochumer Inventar Persönlichkeitsbeschreibung (BIP)	1492
Boston-Matrix	1109
Brainstorming	236, 697, 895, 2076
Brainwriting (Methode 6-3-5)	895
Break Even	1664
Breitband-Delphi	447
Budgeted Cost of/for Work Performed (BCWP)	613
Bürgerliches Gesetzbuch	507
Burnout	247, 826
Business Case	585, 1234, 2107

C

Capability Maturity Model Integration (CMMI)	1449, 2286
Cash Flow	1662
CEN (European Committee for Standardization)	1863
Change Management (Änderungsmanagement)	535, 539, 544, 1323, 1745
Change Request / Change Order	519, 634, 1338, 1402
Chief Project Officer (CPO).	2274
Claim-Management	516, 519, 1343
Close-out	727, 1815
CMMI	1449, 1865, 2286
Coach (Führungskraft als C.)	2130
Coaching	787, 1026, 1508, 2219, 2249
COCOMO	415, 596
Codierung (PSP)	323
Collaborative Project Management	1263
Commitment Projekt / Linie	413
Conjoint-Analyse	120, 1111
Controlling	551, 591, 1370, 1440, 1932

Coping	831
Cost-Center	1213
Critical Chain	1353, 1629, 1905, 1948
Critical Path Method (CPM)	1624
Crystal-Clear-Methode	1611

D

Datenschutz	1647
Dauer	1133, 1801
Deckungsbeitrag	442, 1954
Definitionsphase (n. DIN)	36, 306
Delphi-Methode	447, 2077
Deming-Zyklus	1389, 2427
Demografischer Wandel (siehe auch: aging workforce)	2427
Denkhüte (n. deBono)	1530, 2070
Denkstile	1765
Deskriptorenkatalog	746, 1833
Detaillierungsgrad	394, 1628, 1646
Dienstvertrag	492
DIN (Deutsches Institut für Normung)	1847
DIN 69901 (historische Entwicklung)	1454
DIN 69901:2009	33, 508, 517
DIN 69901-1 bis DIN 69901-5 (Inhalte)	1854
Disability Management	2425
Discounted-Cash Flow-Methode	1667
DISG	1070, 1493
Disponierte Kosten („Bestell-Obligo")	459, 570
Diversität / Diversity	1983, 2055, 2066
Dokumentation und Information	564, 1581, 2066
Dokumenten-Management-System	643
Double Binds	768
Durchsetzungsvermögen	841, 1356, 2025
Dynamische Verfahren	1667

E

Earned Value Analyse	591, 606, 1424
Eco-Management and Audit Scheme (EMAS)	2421
Effektivität („die richtigen Projekte durchführen")	926
Effizienz („ein Projekt richtig durchführen")	923
Effizienzabweichung	609
Effizienzfaktor / Wirtschaftlichkeitsfaktor	612
EFQM European Foundation for Quality Management	172, 1391, 2327
Einfluss-Projektorganisation	206, 1470
Einliniensystem	1212
Einnahmen	1231
Einsatzmittel (Synonym: Ressource)	407, 414, 1519, 1869
Eintrittswahrscheinlichkeit	75, 1672
Einwandbehandlung	2161
Einwände	2027
Einzahlungen	1237, 1662
Eisberg-Modell	966, 1005
E-Mail-Kommunikation	681
Emotion	2008
Empowerment	787, 2195
Endfolge (Ende-Ende-Beziehung)	379, 381
Engpassressource	408
Enterprise Resource Planning (ERP)	1901
Entscheidungen	639, 1045, 2445
Entscheidungsbäume	1430
Entscheidungsgremium	197, 750, 1478
Entscheidungsmatrix	237, 1025
Entscheidungsnetzplantechnik (ENP)	1625
Entscheidungs-Vakuum	2106
Entspannungsübungen	2045
Entwurfsüberprüfung	1740

E-Procurement	483, 1693
Ereignis	126
Ereignisknoten-Netzplantechnik (EKN)	1623
Erfahrungsdatenbank	747, 1839
Erfahrungskurveneffekt	1678
Erfahrungssicherung	586, 625, 746, 1829, 1887
Erfolgsbeurteilung	1369
Erfolgsfaktoren bei Veränderungsprojekten	1183
Erfolgsfaktoren im Projekt	1888
Ergebnis- und Vorgehensziele	103
Ergebnisorientierung (Definition)	910, 1151, 1358
Ergebnisprotokoll	483
Ergebnisziel	103
Ersthelfer	1303, 2420
Erstmusterprüfung	476
Ertrag	1433
Erwartete Gesamtkosten (EGK)	608
Eskalation	1009, 1335, 1969
Eskalationsstufen (bei Konflikten, n. Glasl)	2190
Ethik	1091
Ethik-Kodex (GPM)	1100
European Committee for Standardization (CEN)	1863
European Foundation for Quality Management (EFQM)	172, 1391, 2327
Evaluation	1198, 1389, 1656, 2120
Expertenschätzung / Expertenbefragung	415, 447
Externes Projekt (Auftragsprojekt)	691, 1323
EXtrem Programming (XP)	1611

F

Fachkraft für Arbeitssicherheit (SiFa)	2420
FAZ, FEZ	378, 384
Feature Driven Development (FDD)	1611
Feedback	788, 848, 1774, 2293
Feedback, 360-Grad	2403
Fehler und Zuverlässlichkeit	1059, 1060
Fehler-Möglichkeiten und Einfluss-Analyse (FMEA)	133, 165, 180, 1425
Fehlerprotokoll	734
Fehlerrate (Badewannenkurve)	2232
Feinnetzplan	395, 1626
Fertigstellungswert-Analyse (Earned-Value-A.)	427, 606, 1424, 2316
Fertigstellungsgrad / Fortschrittsgrad	560, 598
Fertigstellungswert / Fortschrittswert	561, 606
Fertigungsfreigabetest	1819
Finanzierung (Definition)	1308, 2434
Finanzierungsarten	1313
Finanzintermediäre	1316
Finanzmarkt	1314
Finanzmittelmanagement	431, 1305, 1661
Finanzplanung	1308, 1312, 2433
Fixkosten	437
Flow-Erlebnis	810
Flussdiagramm (Flowchart)	175
Forschungs- und Entwicklungsprojekt	43
Fortschrittsbericht (Synonym: Statusbericht)	633
Fortschrittsgrad / Fertigstellungsgrad 560	598
Fortschrittskontrolle (Synonym: Projektfortschrittskontrolle)	556, 1348
Fortschrittsmessung / Messtechniken	594
Fortschrittswert / Fertigstellungswert	562, 2002
Fortschrittswertanalyse	606, 613
Fragetechnik (Verhandlung)	988, 2163
Fragetechnik (zirkuläre F.)	2163
Freier Puffer / Freie Pufferzeit	389
Freigabe	641, 709, 1345, 1412
Freigabestelle	1738

Führung	779, 1083, 1356, 1800, 2104
Führung (autoritäre, patriarchalische, beratende, konsultative, partizipative, delegative, demokratische F.)	784
Führung (in internat. Teams)	1977
Führung (situative F.)	795
Führung (Ver-Führung, Motivierung)	807
Führungsrollen	793
Führungsstile	784, 1069, 1490
Führungsverhalten	246, 779, 789, 1494
Function Point Methode	415, 596
Funktionendiagramm	194, 1259, 1474

G

Galerie-Methode	2080
Gantt-Diagramm / Gantt-Plan	397
Garantie	1706
Gefahrenübergang	736, 1706
Gemeinkosten	437, 1674
Gemischtorientierte Gliederung (PSP)	320
General Project Management Maturity Model (GPM3)	2327
Generalunternehmer	1571, 1709
Gerichtsstandsklausel	1697
Gesamte Pufferzeit / Gesamtpuffer	387
Gesamtfortschrittsgrad	603
Gesamtfortschrittswert	603
Gesellschaft des bürgerlichen Rechts (GbR)	1464, 1711
Gesprächsführung (in Verhandlungen)	981, 2154
Gesundheit, Sicherheit Umwelt (GSU)	1299, 2419, 2426
Gewinn- und Verlustrechnung	2435
Gewinnvergleichsrechnung	1664, 2363
Gliederungsprinzipien (PSP)	319
GLOBE Studie	85
Glossar	637
GPM3	1455, 2327
GRIT-Technik	2205
Grobterminplan, Feinterminplan	1627
Groupthink	242
Groupware-Software	1888
Grundlast	416
Gruppendynamik	659, 880, 1504

H

Haftung	749, 1444, 1706
Handlungskompetenz	8
Harvard-Konzept (Verhandlung)	960, 980, 2141
HERMES	1598
Herrmann Brain Dominance Instrument (HBDI)	1066, 2066
Hierarchie	771, 1212, 1550
Histogramm (QM-Werkzeug)	175
HOAI (Honorarordnung für Architekten und Ingenieure)	357, 1867
Hochleistungsteams	1505
Honorarordnung für Architekten und Ingenieure (HOAI)	357, 1867
House of Quality	164, 2385

I

ICB 3 - DIN 69901 Vergleich	41
Ich-Botschaften	986, 2169, 2208
Idealog-Methodik	2073
Ideenmanagement	2082, 2102
Implizites Wissen	20
Industrieanlagenbau	1709

Information und Dokumentation	627, 1349
Initialisierungsphase nach DIN	36, 352
Inkrement	363
Innere Team (Modell)	663
Innovation	45, 1512, 2074, 2083
Interessengruppe / Interessierte Partei (Stakeholder)	67, 329
Interkulturelle Teams (Wertschätzung)	1083
International Organization for Standardization (ISO)	1862
internationale Normen	1861
Internationale Projekte, Kick-off	1997
Internationale Projektteams	780, 1983
internationales Recht / Kooperationen	1710
Interne Zinsfußmethode	1668, 2365
Internes Projekt	43, 715, 2193
Intuition	1522, 1636
Investition	1309
Investitionsprojekt	43, 1310
IPMA Competence Baseline (ICB)	1864
IPMA DELTA	1454
IPMA Vier-Level-Zertifizierung	13, 2406
Ishikawa-Diagram, Fishbone-Diagram	172, 2078
ISO (International Organization for Standardization)	1862
ISO 10007 (Konfigurationsmanagement)	531, 1743, 1863
ISO 21500 (Projektmanagement)	1864
ISO 31000 (Risikomanagement)	1863
ISO 9000 (Qualitätsmanagement)	32, 158, 180, 1449, 1863
Ist-Kosten	570
IT im Projektmanagement	1353, 1873, 1891

J

Job Enlargement, Job Rotation und Job Enrichment	816, 1999
Job-Characteristics-Model	2001
JOHARI-Fenster	788, 945
Jour Fixe	586

K

Kalendrierung / Kalenderarten	392
Kalkulation (Projektkosten)	440, 1952
Kalkulationszinsfuß	1669, 1671, 2364
Kalkulatorische Zinsen / Kalkulatorische Wagniskosten	437
Kapazität (Grund-, Brutto-K., Netto-K., freie K., -sgrenze)	416
Kapitalflussrechnung	2435
Kapitalwertmethode	1310, 1667, 2364
Karrierepfade im Projektmanagement	2413
Kaufmännisches Bestätigungsschreiben	499, 508
Kaufvertrag	491, 1705
Kennzahlen	612, 1831, 1834, 2371
Kennzahlensysteme	747, 1835
Key Performance Indicator (KPI)	1839
Kick-off-Meeting	713, 1336, 1351
Killerphrasen	986
Klient	2124, 2165
Kommunikation	228, 246, 651, 1029, 1350
Kommunikation (formell / informell)	1768
Kommunikation (im Team)	228, 1011, 1802, 1995
Kommunikation (mit Stakeholdern)	679
Kommunikation (Mittel-Adressaten-Matrix)	1803
Kommunikation (Modell der gewaltfreien K.)	2206
Kommunikation (Phasen der K.)	2251
Kommunikationskiller	984
Kommunikationsmanagement	1452, 1779
Kommunikationsmatrix	84, 1263
Kommunikationsmedien	1981, 1991
Kommunikationsplattformen	1497
Kompetenz	193, 1027, 1185, 1399
Komplexität	47, 647, 793, 1134
Konfigurations- und Änderungsmanagement	528, 537
Konfigurationsausschuss	1744
Konfigurationsmanagement (Software)	540, 542
Konflikt	999, 1273, 2102
Konflikteskalation	1008
Konfliktfähigkeit	1027
Konfliktlösung (Kooperative K.)	1017, 2193
Konfliktlösungsstrategien	1008
Konfliktmanagement (Definition)	1003
Konfliktprävention	1026, 2210
Konfliktsymptome, -typen	1011
Konfrontationstechniken	899
Konsortium	1465, 1711, 2264
KonTRaG	1437
Kontrollspanne	226
Konzept der zwei Welten	1638
KOPV-Methode	2222
Kosten (Definition)	434
Kosten- und Einsatzmittelplanung	395, 454, 1342
Kostenabweichung	609
Kostenarten	436
Kostencontrolling	458
Kostenganglinie	456
Kostenmanagement (strategisch)	431, 1674
Kosten-Nutzen-Analysen	1237, 1371
Kostenplan-Kennzahl	612
Kostenplanung	454, 578, 1342
Kostenrechnung	435, 459, 1680
Kostenstellen	438
Kostensummenlinie (Synonym: Plankosten-Summenkurve)	457
Kostenträger	435, 1562
Kosten-Trendanalyse (KTA)	581
Kostenvergleichsrechnung	1664, 2363
Kreativität (Definition)	886
Kreativitätstechniken	132, 893, 2067
Krise	269, 1035, 1360, 2215
Krisen (Indikatoren von K.)	1041, 2217
Krisenbewältigung	1044, 2218
Krisenmanagement	1042, 1538
Kritische Kette	1630, 1925, 1930
Kritischer Pfad	402
Kultur	1130, 1483, 2253, 2279
Kultur (n. Hofstede)	1979, 2056
Kultur (Teamkultur)	808, 1483
Kundenbefragung	744, 1372
Kundenprojekte	715, 1793
Kündigung	516, 1708

L

Lastenheft / Pflichtenheft	340, 1405, 2385
Laterales Denken / laterale Führung	957, 2070
Leadership Grid	790
Lean Software Development	1611
Lebenszykluskosten	1674
Lebenszyklusmodelle	360
Leistungs- und Prämiensystem (Personal)	2414
Leistungsbeurteilung (Personal)	2400
Leistungsbewertung (Projekt)	594
Leistungsmotivation	811
Leistungsplanung (Projekt)	594
Leistungsstörung und Rechtsfolgen	513, 1705

Leistungsumfang (Projekt)	329, 1339, 1591
Leistungsverzeichnis	1628
Leitung (Verlässlichkeit von L.)	1064
Leitungsspanne	226
Lenkungsausschuss	197, 1280
Lernende Organisation	1223, 2258
Lessons Learned	300, 586, 1224, 2109
Lieferantenbewertung	1687
Lieferantensuche, -analyse, -audit, -selbstauskunft	473
Liefergegenstand	346
Lieferverpflichtung, -verzug	500
Lineare Prognose	610
Linien-Diagramm (Synonym: Zeit-Wege-Diagramm)	1628
Linienorganisation	410, 1133, 1213, 1635, 2302
Liquiditätssicherung	1311

M

Machbarkeitsanalyse (-studie)	700, 713, 1371
Macht (Definition)	766
Machtmotiv (personalisiertes, sozialisiertes M.)	807
Mafiamethoden	2105
Magische Dreieck	57, 429, 2096
Management by Delegation	784
Management by Exception	784
Management by Objectives	783
Management by Programms	1143
Management by Projects	1102, 1126, 2343
Management of Change (Veränderungsmanagement)	1176, 1220
Managementsystem (Integriertes M.)	2426
Managerial Grid	790
Manipulation	460, 772, 807, 1349
Manueller Papiercomputer	1535
Mapping-Techniken	903
Marketing	85, 96, 1600, 1803
Maske 23	1794
Maslow'sche Bedürfnispyramide	812
Maßnahmenplan	298
Matrix-Organisation	214
Matrix-Projektorganisation	208
Maturity Model (Synonym: Reifegradmodell)	1453, 1457, 2286, 2292
Maximaler Zeitabstand	379
Mediation	1020, 2194, 2221
Mehrdimensionale Projektstrukturpläne	310
Mehrprojekt-Controlling	1165
Mehrprojekt-Ressourcen	424
Mehrprojekt-Software	1878
Meilenstein	351
Meilenstein-Kostendiagramm	461
Meilenstein-Netzplantechnik	1628
Meilenstein-Trendanalyse (MTA)	579
Mengen-Proportionalität	601
Menschenbild	803
Mensch-Maschine-System	2234
Mentale Modelle	831, 2014
Mentoring	2409
Metadaten	639, 1559
Meta-Matrix-Model	1394
Metaplantechnik	397
Methode 6-3-5	236, 895
Methoden der Problemlösung	1529
Metra-Potential-Methode (MPM)	376
Mind Mapping	132, 903
Minderung	1708
Minimaler Zeitabstand	379
Mitarbeiterbefragung	1372
Mitwirkungspflicht	1713, 2135
Mobbing	828, 1010, 1391
Moderationsmethode, -technik	904, 1772
Modified Angoff	19
Monitoring (Stakeholder)	71, 89
Moral	1094
Morphologische Matrix/Morphologischer Kasten	902
Motivation	627, 791, 1356, 1999, 2104
Moving Targets	1370
Multidimensionale Skalierung	119
Multiple-Choice-Test	18
Multiprojektmanagement	1158, 1880, 2343
Myers Briggs Type Indicator (MBTI)	1066, 1488

N

Nachfolger, Vorgänger	377
Nachforderungsmanagement	64, 519
Nachrichtenquadrat	660
Netzplantechnik (Grundbegriffe)	367, 375, 1623
Netzplanverdichtung	1627
Netzwerk	2031, 2419
Netzwerkanalyse	1384
Neurolinguistische Programmieren (NLP)	658, 948, 2154
Nominal Group Technique	904
Norm (Definition)	1353
Normalfolge (Ende-Anfang-Beziehung)	378
Not-invented-here-Syndrom	659
Nutzwertanalyse	117, 1116

O

Objektorientierte Gliederung (PSP)	319
Offenheit	873
Office of Government Commerce (OGC)	14, 2327
Open Space	2338
Operationalisierung	927
OPM3	1457, 2285
Organisationsentwicklung	706, 1574
Organisationsprojekt	44, 214, 355, 690
Osborn-Checkliste	901
out of company / out of competitor	1677
out of scope	1402

P

Paarweiser Vergleich	289
Pacing	2155
Parametrische Methoden / P. Schätzsysteme	415, 451
Pareto-Diagramm	175, 287
Parkinson's Law	1927
Partizipation	246, 2359
PDCA-Zyklus (Deming-Zyklus)	1389, 2427
Performanz	9
Personalauswahl	205, 1271, 2339
Personalbedarfsplanung / -beschaffung	1272, 1276
Personalbeurteilung	2399
Personalentwicklung	2410
Personalfreisetzung	1292
Personalkosten	437
Personalmanagement	1267, 2397
Persönlichkeitsmodelle	1066, 1485
Persönlichkeitstheorien (naive P.)	804
PERT Program Evaluation and Review Technique	1623
Pert-Verfahren mit Risikozuschlägen	1419
Pflichtenheft / Lastenheft	108, 340, 1406, 2385
Pflichtverletzung	513, 705
Phase 0	689
Phasenmodelle	238, 355, 1598, 2134
Phasenorientierte Gliederung (PSP)	320

Phasenplan	354	Projektdeckungsrechnung	1669
Phasenübergänge	361	Projektdefinition	343
Psychische Belastungen	864, 2037	Projektdokumente	631, 706
Pilottest	1820	Projekterfahrungsbericht	743, 1830
Pionierprojekt	48	Projekterfahrungsdatenbank	1839
Planabweichungen	741	Projekterfolg (Definition)	57, 2414
Plan-Do-Check-Act-Zyklus	159, 1389	Projekterfolgsrechnung	442
Plankosten	458	Projektevaluation	1793
Planung, DIN Phase	33	Projektfinanzierung	1317
Planungsrevision (Synonym: Projektplanrevision)	566, 572	Projektportfolio-Organisation	694, 1157
		Projektfortschritt	559
PMBOK Guide	1864	Projektfortschritt (im Critical-Chain-PM)	1932
PMI Project Management Institute	14, 73, 1450, 1862, 2327	Projektgegenstand	44, 530, 634, 1246
		Projektgesellschaften	2279
Pönale	102, 128	Projekthandbuch	189, 1204
Portal	2319	Projektinhalt/-gegenstand	314, 334, 530
Portfolio	619, 1109, 1157, 1173, 1595	Projektinseln	1468
Präsentation	671, 1290, 2335	Projektkaufmann	201, 332
Preisstrukturanalyse	480	Projektkontext	72, 543, 634, 2256
PRICE-Aufwandsschätzmodell	452	Projektkrise	1000, 1035, 1360, 2215
PRINCE 2	352, 2327	Projektkultur	1483
Problem / Aufgabe (Definition)	265, 266	Projektlandschaften	13, 354, 1886, 2373
Problemarten	268, 2061	Projektlebensweg	338, 1230
Problemauslöser, typische	285	Projektleitbild, Charta	1811
Problembeschreibung	278, 1543	Projektleiter, Projektleitung	198, 916, 1285, 1507
Problemindikatoren	1524	Projektlernen	1198
Problemlösungs-Prozess	271, 1526	Projektlogistik	408
Problemnetz	290	Projektlogo	96, 618
Problemursachen im Projekt	285, 1538	Projektmanagement (Definition)	29, 907
Procurement	467	Projektmanagement (Einführung von PM)	1173
Produkt	732, 886, 1059	Projektmanagement-Audits	171
Produktabnahme	732	Projektmanagement-Büro	201, 619, 1217
Produktabnahmebericht	736, 1685	Projektmanagement-Erfolg (Definition)	53, 58, 1330, 1367
Produkthaftung	530		
Produktlebensweg, -zyklus	1231, 1238, 1249, 1410	Projektmanagement-Handbuch	1201
Produktmanagement	1250	Projektmanagement-Karriere	2411
Produktmodell / Produktstruktur	1726	Projektmanagement-Kompetenzen	170, 1289, 1986
Produkt-Prozesse und PM-Prozesse	526, 1748	Projektmanagement-Phasen (DIN 69901)	34
Produktübergabe / Produktübernahme	733, 735	Projektmanagement-Software	1878, 1891
Profit-Center	1213	Projektmarketing	1600, 1803
Prognosen und Trends	578	Projektmarketing (Stakeholder)	85
Prognoseverfahren (Finanzierung)	2443	Projektmitarbeiter	63, 75, 200
Programm (Definition)	1105, 1139, 1142, 1158	Projektnachkalkulation, -bewertung	737, 1841
Programmmanagement	1142, 1160	Projektobjekte	313, 1562
Programmmanager (Rollenbeschreibung)	201, 1144	Projektorganigramm	1476
Project Excellence Modell	72, 1373, 1458, 2374	Projektorganisation	67, 183, 1335, 1461, 1808
Project Management Maturity Model (n. Kerzner)	1454, 2292	Projektorientierte Organisationen	1131, 2279
		Projektorientierung	1123, 2277
Project Management Office	201, 619, 1453	Projektpersonal (Auswahl und Freisetzung)	1276, 1292
Projektcontroller	201	Projektphasen	33, 349
Projekt (Definition, Merkmale)	27, 1156	Projektplan	39
Projekt (Priorisierung von P.)	1163, 2310	Projekt-Planungs-Zyklus	915
Projekt-, Programm- und Portfolio-Management, Einführung v.	1173	Projektportfolio	619, 1109, 1157, 1173, 1595
		Projektportfolio-Controlling	619
Projektabbruch	270, 633, 2220	Projektportfolio-Management	1791
Projektabschluss	727	Projektportfolio-Management (Software)	693, 1647
Projektabschlussbericht	749	Projektportfolio-Management-Roadmap	1641
Projektabschlusssitzung	750	Projektportfolio-Manager	202
Projektakte	1204	Projektportfolio-Planung	624
Projektanalysebericht	743	Projektportfolio-Wissensmanagement	2321
Projektantrag	709	Projektpuffer	1630, 1931
Projektarten	43, 734, 1323, 1823, 2264	Projektreview	566
Projektauflösung	748	Projektsponsor	204, 1280
Projektauftrag	343, 631, 709	Projektstart	683, 1350, 1789
Projektbericht	584, 753, 1783	Projektstart (Business Case)	1230, 1234
Projektbudget	456, 1232	Projektstart-Workshop	1800
Projektbüro	189, 201, 1282	Projektstatusbericht	633
Projekt-Cockpit	1811	Projektstatusermittlung	558
Projektcontrolling	374, 551, 591, 1370, 1932	Projektsteckbrief	343

Projektsteuerung	544, 614, 1867
Projektstrukturplan (Baumhierarchie)	317, 1550, 1878
Projektstrukturplan (Tabelle / Relation)	1552
Projektteam	1080, 1337, 1484, 1776
Projektteams (internationale P.)	1977
Projektumfeldfaktoren	74
Projektvergleichstechnik	927
Projektvertrag	347, 508, 710
Projektvorbereitung	357, 685, 693
Projektwirtschaft	593, 1161, 1852
Projektwirtschaftlichkeit	1809
Projektziel (Definition)	101
Projektzielgrößen („Magische Dreieck")	560, 623
Protokoll	636
Prototyping	339
Prozentsatzmethode	450
Prozessberatung (n. Schein)	2127
Prozesse (Projektmanagement / Produkt)	526
Prozesshaus, Prozessgruppe (DIN 69901)	32, 1256
Prozesskostenrechnung	1680
Prozessmanagement	1750, 2345
Prozessmodell (DIN 69901)	34
Prozessmodell zur Einführung von PPP-Management	1193
Prozessorganisation	1215
Prozessorientierung	32, 1257
Prozessschritte (Projektabschlussphase)	731
Prozessziele (Projektziel)	103
Puffer	387, 1629
Pull-Prinzip / Push-Prinzip	641, 1616
Pygmalion-Effekt	806

Q

QM-System (Definition)	161
QM-Teilaufgaben	176
QM-Werkzeuge	172
Qualifikation	1288
Qualität (Branchenstandards)	166
Qualität (Definition)	158
Qualität und Verlässlichkeit	1057
Qualitätskosten	178
Qualitätsmanagement (Definition)	159, 1452
Qualitäts-Regelkarte (Control card)	174
Quality Function Deployment (QFD)	120, 164, 2385
Quality Gates	353

R

Rapid Prototyping	1247
Rational Unified Process (RUP)	451
Rechnungsprüfung	485
Rechnungswesen (Grundbegriffe)	2433
Rechtliche Aspekte	1323, 1433
Rechtswahlklausel	1697
Reifegradmodelle	1453, 1457, 2286, 2292
Reizwortanalyse	899
Rentabilitätsrechnung	1666, 2363
Requirement Management	167
Ressourcen	401
Ressourcenarten	405
Ressourcenplanung	404, 414, 709
Restaufwandschätzung	427
Restkosten	458
Return on Investment	1666, 2363
Risiken (Finanzkalkulation)	1433
Risiken (Steuer- und Handelsrecht)	1436
Risiken (Umgang mit)	143
Risiko-, Chancenmanagement (Definition)	127
Risikoanalyse, Risikobewertung	134, 799, 1436, 1670
Risikobudget	141
Risikoganglinie	1422
Risikoidentifikation	130
Risikomanagement (Workflow)	127, 1049, 1439
Risiko-Portfolio	137, 148
Risikoüberwachung, Risikoauswertung	150
Risikowert	138
Risk shifting	245
Roadmap Projektportfolio-Management	1641
Roadmap Projektstart	690, 719
Rolle	191, 1279
Rollen (im Team)	75, 194, 248
Routineaufgaben / Innovative Aufgaben	1232
Rubikonmodell (n. Heckhausen)	2005
Rückwärtsrechnung (Netzplan)	386

S

Sach-, Sozialfaktoren (Projektumfeld)	74
Sachebene, Beziehungsebene	965
SAZ, SEZ	386
Schadensersatzanspruch	500
Schätzklausur	447
Schiedsgericht	2196
Schleifenmodell	362
Schnittstellenmanagement	548, 1477
Schnittstellenmatrix	1782
Scope	329, 1589
Scrum-Methode	1609, 1611, 2095
Sechsfarben-Denken	2070
Sekundär-Proportionalität	601
Selbst- und Fremdbild	1486
Selbstbestimmungstheorie (n. Deci & Ryan)	2003
Selbstmanagement	835, 914
Selbstreflexion	1050, 2039
Selbststeuerung (Definition)	823, 1356, 2018
Selbstwirksamkeit	811
Selffulfilling Prophecy	806
Sender-Empfänger-Modell (Kommunikation)	655
Sensitivitätsanalysen	1237, 1371, 1671, 2368, 2447
Sicherheitsbeauftragter	2421
Simultaneous Engineering	1754, 2389
Sinn und Sinngebung	1099
Sitzungen	1769
SMART / AROMA	111
Social Loafing (Soziales Faulenzen)	243
Social Network Analysis (SNA)	1384
Software	1353, 1745, 1873, 1891
Software (Konfiguration)	542, 1745
Software im PM (Auswahl und Einführung)	1876, 1889
Softwareeinsatz (Voraussetzungen)	1904
Soziotechnische Systeme	1056
Spezifikation (Definition)	108, 336, 1406
SPICE	1865
Spiralmodell	364, 1608
Sprint	1609
Sprungfolge	381
Stage-Gate-Prinzip	353
Stakeholder (Analyse)	133
Stakeholder (Definition)	71
Stakeholder (Identifikation)	78
Stakeholder (Maßnahmen zur Integration)	83
Stakeholder (Partizipation)	2353
Stakeholder (Steuerung, Strategien)	86
Stakeholder-, Risiken- u. Chancenmanagement	75, 127, 1385
Stakeholdermanagement (Stufen / Schritte)	71, 77, 1372, 1384

Stakeholder-Maßnahmen-Matrix	84
Stakeholder-Portfolio	81, 1389
Stammorganisation	28, 211, 1207
Standardnetzplantechnik	1626
Standardstrukturpläne	325
Start-Brainstorming	697
Start-up-Phase	683, 1789
Statische Verfahren (Kosten und Finanzmittel)	1664
Status	967
Statusbericht	584, 633
Statusermittlung	568
Statusschritt-Technik	599
Stellen (in der Stammorganisation)	1211
Steuerung, DIN Phase	37
Steuerungsgremium	197
Strategien (Umgang mit Risiken)	143
Strategisches Projektmanagement	1274
Stress	826, 2013, 2240
Stress-Strength-Modell	2241
Streudiagramm (Scatter Diagram)	176
Strom- und Bestandsgrößen	2433
Strukturierung (Funktion von)	1556
Strukturaspektematrix	315
Strukturierungsaspekte	309
Struktur-Komplexität	1558
Supply Chain	1258, 1905, 1948
SWOT-Analyse	1532
Synektik	898
System	1243, 1640
Systementwicklung	2379, 2388
Systemintegration und -verifikation	2391
Systems Engineering	1251
Szenario-Technik	944, 2224

T

Tailoring	1605
Target Costing	481, 1676
Taxonomie	22
Teachware	1884
Team Management System (TMS)	1065, 1502
Teamarbeit	217, 1030, 1337
Teamdiagnose	1500
Teamentwicklung (Phasen der)	238
Teamerfolg	1501, 1513
Teamfähigkeit	225
Teamklima-Inventar	1511
Teammeetings	229
Teamplattformen	1877
Teamprozesse	247
Teamrollen (Belbin)	248
Technologie	1243, 1254, 2377
Teilaufgabe	308
Teilnetztechnik	1625
Teilprojekt	308, 339, 562, 636
Teilprojektleiter	199
Teilvorgänge	604
Terminplan	372, 1427
Theorie der Engpässe	1909
Theorie X, Theorie Y (n. McGregor)	804
Theory of Constraints	1905, 1909, 1956
THERP-Verfahren	2242
Thomas-Theorem	806
Timeboxing	1613
Tit-for-Tat	2151
TOP-Prinzip	1297
Total Quality Management (TQM)	120, 155, 2003
Traceability (Rückverfolgbarkeit)	167, 530, 1409
Träges Wissen	20

Trendanalysen	176
TRIZ	2068

U

Übergabeprotokoll / Übernahmeprotokoll	730, 733
Umweltschutzbeauftragter	2421
UN-Kaufrecht	1698
Unternehmenskultur	1210, 1218
Unternehmensstrategie	1105, 1210, 1792, 2106, 2271
Ursache-Wirkungs-Diagramm (n. Ishikawa)	172, 2078
User Story Card	1616

V

Variable Kosten	437, 1947
VDI-Richtlinie 2206	358
VDI-Richtlinie 2221	356
Veränderungsanalyse	2352
Veränderungsmanagement / Management of Change	1176, 1220
Veränderungsprojekte	1183
Verantwortlichkeitsmatrix, -matrizen	194, 1474
Verbale, nonverbale Ebene	666, 2147
Verbindlichkeiten	748
Verdingungsordnung für Leistungen (VOL)	1866
Vergabe- und Vertragsordnung für Bauleistungen (VOB)	1866
Verhandlung (Vorbereitung)	2140
Verhandlungsführung	2148, 2163
Verhandlungssituationen im Projekt	957
Verjährung	514
Verlässlichkeit	1053
Vertragsbeendigung	515, 1361, 2227
Vertragsfreiheit	494
Vertragsmanagement	64, 516, 546, 1031, 1330
Vertragsstrafen (Critical-Chain-PM)	373, 1943
Vertrauen	808, 846, 1062, 1499, 2168
Verzug (Voraussetzungen)	1708
Vier-Ohren-Modell (n. Schulz v. Thun)	660
Virtuelle Projektorganisation	1467
Virtuelle Projekträume	645
Virtuelle Projektteams (Kommunikation in)	1992
Virtuelle Teams	1497
V-Modell XT	51, 353, 358, 2379
VOB und VOL	1866
Vollkosten	437
Vorbehalt	1798
Vorgang	318, 367
Vorgänger, Vorgangsdauer	377, 1418
Vorgangsknoten-Netzplantechnik (VKN)	376
Vorgangspfeil-Netzplan (VPN)	1624
Vorgangssammelliste/ Vorgangsliste	396
Vorgehensmodelle	31, 359, 1251, 1340
Vorgehensziel	103, 168
Vorleistung	2168, 2205
Vorprojekt	146, 2107
Vorwärtsrechnung (Netzplan)	384
Vorziehzeit	380

W

Wahrscheinlichkeit (Risiko)	1425
Walt-Disney-Strategie	2072
Wareneingangskontrolle	501
Wartezeit	380
Wasserfallmodell	362, 1409, 1608
Weisungsbefugnis	199, 208, 1211, 1470
Werkvertrag	491, 507, 737, 1344

Wertanalyse-Arbeitsplan (nach VDI)	2391
Werte	578
Wert-Erwartungs-Theorie	810, 1076
Werteverlauf-Diagramm (Run Chart)	176
Wertschätzung	2247
Widerstände (Verhandlung)	2027
Widerstände (W. in Veränderungsprojekten)	1177
Wiedereingliederungsmanagement (Disability Man.)	2425
Wiki	645
Willenserklärung	494, 498, 509, 1693
Win-Win	86, 973, 2144
Wirtschaftlichkeitsanalyse	740, 1826, 2361
Wirtschaftlichkeitsrechnung	431, 2361
Wissensarten (aktiv, passiv etc.)	18
Wissensgebiete (in der Stammorganisation)	2356
Wissensmanagement	1882, 2082, 2317, 2356
Workflow-System	644
Work-Life-Balance	865

X-Z

Yerkes-Dodson-Gesetz	2008
Zeitabstände (MINZ, MAXZ)	379
Zeitmanagement	834, 1084
Zeitplan-Kennzahl	612
Zeit-Proportionalität	601
Zeit-Wege-Diagramm (Synonym: Linien-Diagramm)	1628
Zentralisierungsgrad (Ressourcenplanung)	1643
Zertifizierung	10, 13
Ziel (Projektziel)	99
Zielbeziehungen / Zielverträglichkeit	115
Zieldefinition	101, 948
Zielfunktionen	102
Zielgewichtung / Zielpräferenzbildung	119
Zielhierarchie	106
Zielkonkurrenz u. Zielpriorität	104
Zielvereinbarungen	788
Zirkuläre Frage	2163
Zwang	87, 772, 1583
Zwei-Faktoren-Theorie (n. Herzberg)	815
Zwei-Spalten-Methode	2252

Autorenprofile

Dr. Martina Albrecht

Dr. phil., Geschäftsführerin der a@m Advisory GmbH in Berlin. Arbeitsschwerpunkte: Etablierung von PM in Unternehmen, PM-Audits, Prüfen in Projekten / Prüfen von PM in Unternehmen aus Sicht der Internen Revision. Umfangreiche Erfahrungen aus der Leitung von Programmen, Projekten und des zentralen PM in Unternehmen der IT-Branche. Ehemaliges Mitglied des Vorstands der GPM (Oktober 2008 bis Januar 2011). Assessorin der PM Zert für Personenzertifizierung nach den Standards der IPMA. Zertifizierte Senior Projektmanagerin IPMA (Level B). Lehraufträge im Rahmen der Bachelor- und MBA-Ausbildung an Fachhochschulen. Geschäftsführerin der ask@co Sprachendienst GmbH in Berlin, Schwerpunkt: Strategie und Prozesse. Aufbau und Leitung eines Dienstleistungsunternehmens zur Gewährleistung von Dolmetscher- und Übersetzungsdienstleistungen. Promotion an der Humboldt-Universität zu Berlin Thema: Fachsprache Wirtschaft/ Russisch. Studium der Russischen Sprache und Literatur an der Staatlichen Universität Kasan / UdSSR mit dem Abschluß Diplom-Russistin.

Artikel:
2.09 Effizienz (Efficiency)

Anschrift:
a@m Advisory GmbH
Friedrichstraße 95 POB 63, 10117 Berlin
E-Mail: office@advisory-gmbh.de

Dr. Sandra Bartsch-Beuerlein

Dr. rer. pol. Universität Bremen, Gründerin und Inhaberin der Informatik-Beratung Bartsch-Beuerlein. Spezialgebiet Projekt- und Qualitätsmanagement im ITC-Umfeld. Leitung und Durchführung zahlreicher nationaler und internationaler Projekte bei Unternehmen wie BT, Commerzbank, Credit Suisse, Denic, Deutsche Telekom, Hewlett-Packard, Roche, Telekurs und Uunet/Worldcom. Betreuung mehrer Lehrprojekte am IPMI Institut für Projektmanagement und Innovation der Universität Bremen. Lehraufträge an der IHK und mehreren Universitäten, derzeit an der Universität Bamberg. Autorin und Co-Autorin zahlreicher Fach-Publikationen, darunter 4 Fachbücher. Nach IPMA zertifizierter Senior Project Manager sowie nach PMI zertifizierter Project Management Professional PMP. Seit 1999 GPM/PM-ZERT-Assessorin für Zertifizierung der Projektmanager in Deutschland nach dem IPMA-Modell.

Artikel:
1.05 Qualitätsmanagement (Quality)

Anschrift:
Informatik-Beratung Bartsch-Beuerlein
Hinterer Bach 5, 96049 Bamberg
E-Mail: sbb@beuerlein.de

Dr. Daniel T. Baumann

Dr.-Ing. Agr., MAS PM, IPMA Level A & B, Geschäftsführender Gesellschafter der Management by Projects GmbH. Beratung, Coaching und Training im Projekt- und Multiprojektmanagement. Geschäftsführer und Vorstandsmitglied der Schweizerischen Gesellschaft für Projektmanagement (spm) und des Vereins zur Zertifizierung im Projektmanagement (VZPM) sowie weitere leitende Funktionen in Projektmanagement Fachorganisationen. Dozent für Projektmanagement an der Zürcher Hochschule für Wirtschaft und der Universität Klagenfurt. Certified Projects Director (IPMA Level A), Certified Senior Project Manager (IPMA Level B) und Masters of Advanced Studies Project Management. Projektleitungen in grossen internationalen Forschungsprojekten. Autor zahlreicher Publikationen in Deutsch und Englisch und Mitverfasser der Swiss National Competence Baseline.

Artikel:
3.03 Portfolioorientierung (Portfolio orientation)

Anschrift:
Schweizerische Gesellschaft für Projektmanagement (spm)
Flughofstrasse 50, CH-8152 Glattbrugg
E-Mail: daniel.baumann@spm.ch

Dr. Frank D. Behrend

Dr. Dipl.-Ing., MBA, Partner bei Luther & Partner Managementberater. Diplom-Ingenieur der Luft- und Raumfahrttechnik. Berufsbegleitendes Wirtschaftsstudium in den Niederlanden sowie Promotion in Australien im Bereich „Informations-/Wissensmanagement in verteilte Projekten". Mehr als 18 Jahre Erfahrung im In- und Ausland als Berater, Coach und Interim-Manager mit den Schwerpunkten Veränderungsmanagement im Kontext M&A bzw. Outsourcing, Restrukturierung und Reorganisation sowie Wissens- und Projektmanagement. Praxiserprobtes Know-how bzgl. der Analyse und Optimierung von Organisationen und Netzwerken mittels Organisational Network Analysis (ONA). Langjähriger EFQM/GPM Assessor und Gutachter in Business-Plan Wettbewerben. Regelmäßige Veröffentlichungen in der internationalen Fachpresse.

- **Artikel:**
  1.02 Interessengruppen/ Interessierte Parteien (Interested parties)
- **Anschrift:**
  Luther & Partner Managementberater
  Im Mediapark 8, 50670 Köln
  E-Mail: behrend@lutherpartner.de

Frank Berge

Dipl.-Ing., erlernte nach dem Abitur in einem Handwerksbetrieb den Beruf des Elektromaschinenbauers. Danach studierte er Allgemeine Elektrotechnik an der Fachhochschule Osnabrück (Schwerpunkt und Diplom-Thema Mess- und Regelungstechnik) und an der Technischen Universität Hamburg Harburg. Bei der Firma Siemens leitete er 2 Jahre lang Projekte im Antennenbau. Durch einen internen Wechsel war er als Teilprojektleiter für die Fahrleitungs- und Beleuchtungsanlage des Siemens Prüfcenters Wegberg - Wildenrath zuständig. Nachfolgend als Projekt- und Projektportfoliomanager verantwortlich für die Planung, Projektierung und Abwicklung von Oberleitungsanlagen in Nord und Westdeutschland. Seit 2006 Programm- und Portfoliomanager bei der SPL-Powerlines GmbH & C. KG auch zuständig für Fahrleitungsanlagen im europäischen Ausland. In der Deutschen Gesellschaft für Projektmanagement GPM ist er „Zertifizierter Projektdirektor" (Level A) und Assessor für die Personenzertifizierung nach IPMA.

- **Artikel:**
  3.01 Projektorientierung (Project orientation)
  3.02 Programmorientierung (Programme orientation)
- **Anschrift:**
  SPL Powerlines Germany GmbH & Co. KG
  Hans-Böckler-Straße 42-44, 30851 Langenhagen
  E-Mail: F.Berge@gpm-ipma.de

Dr. med. Andreas Bosbach

geboren 1962 in Bensberg bei Köln, ist Facharzt für Arbeitsmedizin und Innere Medizin mit Zusatzbezeichnungen in Sportmedizin, Chirotherapie, Notfallmedizin und Ernährungsmedizin. Im Jahr 2006 schloss er die Ausbildung zum Wiedereingliederungsmanager für chronisch erkrankte Beschäftigte (Certified Disability Management Professional) erfolgreich ab. Nach dem Studium der Pharmazie und Humanmedizin an den Universitäten Bonn und Berlin (FU), absolvierte er von 1992 bis 1999 zunächst eine Weiterbildung zum Facharzt für Innere Medizin in Bochum, der sich 1999 bis 2001 eine zweite Weiterbildung zum Facharzt für Arbeitsmedizin bei der DaimlerChrysler AG in Bremen anschloss, wo er bis 2007 tätig war. Arbeitsschwerpunkte dort waren das betriebliche Gesundheitsmanagement, die betriebliche Gesundheitsförderung und das Gefahrstoffmanagement mit dem Aufbau eines Integrierten Managementsystems. Seit 2007 ist er freiberuflich tätig als niedergelassener Internist und Arbeitsmediziner.

- **Artikel:**
  3.09 Gesundheit, Sicherheit und Umwelt (Health, security, safety & environment)
- **Anschrift:**
  Dr. Andreas Bosbach
  Albert Bischof Str. 58, 28357 Bremen
  E-Mail: abosbach@aol.com

Dr. med. Rita Bosbach

Jahrgang 1966, hat in Würzburg und Marburg Humanmedizin studiert. Nach dem Studium folgten mehrere Jahre klinische Tätigkeit in der Neurochirurgie an der Philipps-Universität Marburg, sowie Innere Medizin in Bochum. Durch die Geburt ihrer 3 Kinder wurde die berufliche Tätigkeit zunächst unterbrochen. Nach dieser Zeit erfolgte die Weiterbildung als Fachärztin für Allgemeinmedizin, sowie die Zusatzbezeichnung für Naturheilkunde. Seit 2001 ist sie Mitglied im Prüfungsausschuss für medizinische Fachangestellte an der Ärztekammer Bremen. Nach Niederlassung in einer hausärztlichen Gemeinschaftspraxis in Bremen ist sie mittlerweile, zusammen mit ihrem Mann Dr. Andreas Bosbach, niedergelassen in einer hausärztlichen Praxis in Westfalen mit arbeitsmedizinischem Spektrum.

Artikel:
3.09 Gesundheit, Sicherheit und Umwelt (Health, security, safety & environment)

Anschrift:
Dr. Rita Bosbach
Albert Bischof Str. 58, 28357 Bremen
E-Mail: abosbach@aol.com

Michael Buchert

Dipl.-Ing. (FH) Michael Buchert ist Geschäftsführender Gesellschafter der projektpartner management gmbh in Mannheim. Nach seinem Maschinenbaustudium in Darmstadt war er für die Ingenieurgesellschaft Lahmeyer International GmbH und für die MWS Bauprojektsteuerung GmbH als Projektsteuerer für große und komplexe Bau- und Investitionsprojekte tätig. Er ist seit 1996 zertifizierter Projektmanagementfachmann RKW/GPM und Geprüfter Projektmanager GPM. Seit 2001 ist er zertifizierter und lizenzierter PM-Trainer GPM IPMA für alle Level (A+B+C+D) und hat bisher über 1000 Teilnehmer im Projektmanagement geschult. In den Jahren 2004 und 2005 wurde er zum Best-in-Class Trainer der GPM/PM-Zert ausgezeichnet. Er übernahm Aufgaben als Projektleiter, Projektsteuerer und Berater in Großprojekten der Industrie und der öffentlichen Hand in den Bereichen Bau, Anlagenbau, Chemische Industrie, Automotive, Eisenbahn- und Straßenbau, Automatisierungstechnik, Dienstleistungen, Telekommunikation, IT-Netzwerke sowie bei Softwareentwicklungsprojekten.

Artikel:
2.03 Selbststeuerung (Self-control)

Anschrift:
projektpartner management gmbh
Friedrich-König-Str. 3-5, 68167 Mannheim
E-mail mbuchert@projektpartner.de

Joachim Büttner

Geschäftsführer der MyFlux GmbH in Lauf bei Nürnberg. Nach dem Studium der Betriebswirtschaft war er mehrere Jahre angestellt in der IT-Unternehmensberatung tätig. Seit 1994 selbstständig als Trainer und Berater. Gründer und Geschäftsführer mehrerer Unternehmen, die sich hauptsächlich mit Themen rund um das Projektmanagement beschäftigen. Umfangreiche Reise- und Lehrtätigkeiten in über 29 Ländern, insbesondere im asiatischen Raum. Tätigkeit als Coach von internationalen Großprojekten der IT und des Anlagenbaues. PM-Award-Assessor und mehrmals GPM-Benchmark-Trainer.

Artikel:
2.06 Offenheit (Openness)

Anschrift:
MyFlux GmbH
Jungmühlhof 2, 91207 Lauf
E-Mail: joachim.buettner@myflux.de

Manfred H. Burghardt

Dipl.-Ing., Dipl.-Ing., Studium der Nachrichtentechnik in Hamburg sowie Studium der Kybernetik und Datenverarbeitung an der TU München. Begann seine Laufbahn in einer Grundlagenforschungsabteilung der Siemens AG für Künstliche Intelligenz und der Entwicklung von kontextsensitiven Informationssystemen. Während der Olympischen Spiele in München 1972 Projektleiter für das Informations- und Auskunftssystem GOLYM. Anschließend Leitung mehrerer Projekte auf dem Gebiet der Entwicklung von Informations- und Datenbanksystemen sowie von SW-Entwicklungsverfahren. OA-Abteilungsleiter mit Schwerpunkt der Betreuung von SW-Verfahren für die HW-Entwicklung sowie der Entwicklung von PM-Verfahren. Vorsitzender des Fachkollegiums Projektmanagement der Siemens AG mit der Aufgabe, Methoden und Verfahren des Projektmanagements in allen Unternehmensbereichen einzuführen und zu fördern. Publikationen über Software-Entwicklung, Autor des Standardwerks Projektmanagement im Entwicklungsbereich sowie des Buches Einführung in das Projektmanagement. Zuletzt Abteilungsleiter für die Entwicklung von Projektcontrolling- und Kostenüberwachungsverfahren.

Artikel:
1.20 Projektabschluss (Close-out)

Anschrift:
Manfred Burghardt
Tannenstraße 4, 82205 Gilching
E-Mail: burghardt.manfred@t-online.de

Prof. Dr. Christian Decker

Professor für Außenwirtschaft & Internationales Management mit den Schwerpunkten Internationale Finanzierung, Außenhandel und Globale Logistik an der Hochschule für Angewandte Wissenschaften Hamburg. Vor seiner Berufung war er 13 Jahre im Bereich der strukturierten Finanzierungen tätig, davon 10 Jahre im Corporate & Investment Banking einer deutschen Großbank. Seine Tätigkeits- und Interessensschwerpunkte liegen im Bereich der Projekt-, Objekt- und Akquisitionsfinanzierung, der kapitalmarktbasierten Finanzierungsplattformen und verbriefungsbasierten Geschäftsmodelle sowie methodischer Fragen im Zusammenhang mit Finanzierungstransaktionen, Projektkonzepten und Unternehmensstrategien.

Artikel:
3.10 Finanzierung (Finance)

Anschrift:
Hochschule für Angewandte Wissenschaften Hamburg (HAW Hamburg)
Fakultät Wirtschaft & Soziales, Department Wirtschaft
Professor für Außenwirtschaft/Internationales Management
Berliner Tor 5, 20099 Hamburg
E-Mail: christian.decker@haw-hamburg.de

Stefan Derwort

Dipl. Volkswirt, Zertifiziert als Projektmanagement Trainer seit 1993. Software Entwicklung, Systemberater, Projektleiter bei der Bull AG in Frankfurt und Köln. Seit 1986 Seminare und Workshops im Bereich Software-Engineering, System-Analyse, System-Entwicklung und Projektmanagement. Projektleiter in Organisations- und Personal- Entwicklungs-Projekten. Seit 1994 selbständig – Projektforum Freiburg in einem Team von 3 Trainern und Backoffice in Freiburg. Durchführung und Leitung von Seminaren und Workshops, Projektbegleitung und Unterstützung, Entwicklung von PM-Systemen. Training-Entwicklungs-Methodik und performance analysis CRI (Criterion Referenced Instruction) NLP Practitioneer, Projektmanagement Fachmann (GPM), zertifizierter und autorisierter Projektmanagement Fachmann Trainer, Project Management Professional PMP (PMI), Qualifizierung, Zertifizierung und Lizensierung zum Projektmanagement-Trainer Englisch PM-E (GPM), Qualifizierung, Zertifizierung und Lizensierung zum Projektmanagement-Trainer (GPM) Level D-A. Seit 2011 Mitglied des Vorstands der GPM, zuständig für das Ressort Regionen.

Artikel:
2.02 Motivation und Engagement (Engagement & motivation)

Anschrift:
Projektforum Freiburg
Dorfgraben 21, 79112 Freiburg
E-Mail: Stefan.Derwort@projektforum.com

Prof. Dr. Florian Dörrenberg

Studium des Wirtschaftsingenieurwesens, Erfahrungen als Projektmanager und Projektleiter von Infrastruktur-, Organisationsentwicklungs- und Forschungsprojekten. Über 15 Jahre tätig als Dozent und Trainer, viele Jahre zertifizierter und lizenzierter PM-Trainer der GPM. Tätig für unterschiedliche Unternehmungen und Organisationen. Geschäftsführender Gesellschafter eines Beratungsunternehmens mit Tätigkeitsschwerpunkt im internationalen Projektmanagement. Zertifizierter Senior Projektmanager (IPMA Level B). Langjähriger Lehrbeauftragter zum internationalen Projektmanagement im In- und Ausland. Autor zahlreicher Publikationen zum Projektmanagement. Deutscher Repräsentant (Substitute) im Council der IPMA, Mitglied des Kuratoriums der GPM e.V. (bis 2010), Assessor der PM-ZERT. Seit 2009 Professur für „Internationales Projektmanagement und Kompetenztransfer" an der Fachhochschule Südwestfalen, Hochschule für Technik und Wirtschaft in Soest.

- **Artikel:**
  1.10 Leistungsumfang und Lieferobjekte (Scope & deliverables)
  1.18 Kommunikation (Communication)
- **Anschrift:**
  CONFIDES GmbH
  Achterfeld 4, D-27432 Bremervörde
  E-Mail: doerrenberg@confides.de

William R. Duncan

Vorsitzender von Project Management Partners, einer Projektmanagement-Beratungsfirma mit Sitz in Lexington, Massachusetts. Vorsitzender der PMCert, der Zertifikationsstelle der Amerikanischen Gesellschaft zur Förderung von Projektmanagement (asapm). Die asapm ist Mitglied der IPMA International Project Management Association. Ehemaliger Direktor für Richtlinien der asapm als auch der PMI. Absolvent der Brown University 1970, anschließend wissenschaftlicher Mitarbeiter an der Boston University und Northeastern University. Mehr als dreißig Jahre Erfahrung in Management und Beratung, davon fünf mit einer international tätigen Beratungsfirma. Gründungsautor des „Guide to the Project Management Body of Knowledge", der bis dato mit einer Auflage von über 2 Millionen das meistverbreitete PM-Fachbuch der Welt ist. Sein Prozessmodell des Projektmanagement diente als Vorlage für die Strukturierung der ISO 10006, „Guidelines for quality in project management". Autor von über vierzig Publikationen und bekannter Redner auf vielen Konferenzen von asapm, IPMA, PMI, AIPM, FOSTAS und anderen.

- **Artikel:**
  1.10 Leistungsumfang und Lieferobjekte (Scope & deliverables)
- **Anschrift:**
  114 Waltham Street, Suite 14
  Lexington, 02421 USA
  E-Mail: wrd@pmpartners.com

Prof. Dr. Dr.h.c. Sebastian Dworatschek

Dipl.-Ing. (Univ. Stuttgart), Dipl.-Wirtsch.-Ing & Dr.rer.pol. (RWTH Aachen); Professor an Universität Bremen & Gründer des IPMI Institut für Projektmanagement u. Innovation; Ruf an Ausl.-Univ. & Visiting Prof. (Riga: Euro-Faculty); Portfoliomanagement: anwendungsorientierte Forschungsprojekte & 40 Diss. / Promotionen; mehrj. Berufstätigkeiten als Projektleiter, Geschäftsführer & Berater / Coach zu PM-, DV-, Organisations- & Personalentwicklung (Mittelbetriebe & Konzerne & Verwaltungen); World Bank Consultant; Post Graduate Courses: EPM European Project Manager & Management-Fortbildungsakademie & univers. Kurs-Firma; (Teil-)Projektleiter: 4 TV-Fortbildungsserien; (Ko-)Autor: 14 Bücher & Beiträge in Zeitschriften & Internet / IPMA-Proceedings; GPM-Funktionen: Vorstand, Kuratorium, Regionalgruppen; IPMA-Gründungen: Ägypten, Türkei & Mittel-Ost-Europa; Mitinitiator & First/Foreign-Assessor: IPMA 4L-Certification-System; Honorary Member APOGEB (Portugal) & GPM-Ehrenmitglied.

- **Funktion:**
  Fachlektorat, 3. Auflage
- **Anschrift:**
  Sebastian Dworatschek
  Trupe 12, 28865 Lilienthal
  E-Mail: Dworatschek@IPMI.de

Thomas Eberhard

Diplom-Kaufmann (FH), Diplom-Wirtschaftsingenieur (FH), Jahrgang 1965, hat nach kaufmännischer Berufsausbildung und Fachhochschulstudium der Betriebswirtschaftlehre und zum Wirtschaftingenieur (FH) in Berlin und Sheffield (UK) sein Berufleben als SAP-Berater gestartet. Nach Stationen im SAP-Konzern, bei IBM Global Services, der CSC Ploenzke AG und Capgemini, arbeitet er heute im Pre-Sales und Projektmanagement bei Hewlett-Packard Consulting & Integration. Herr Eberhard ist zertifiziert nach IPMA, PMI, ITIL und PRINCE2 und seit Jahren bei der IPMA als nationaler und internationaler Assessor für den Project Excellence Award tätig. Seit 14 Jahren arbeitet er in Beratungsunternehmen projektorientiert und verantwortet Kundenprojekte nach Aufwand und zum Festpreis im In- und Ausland. Herr Eberhard lebt mit seiner Familie bei München.

- **Artikel:**
  1.03 Projektanforderungen und Projektziele (Project requirements & objectives)
- **Anschrift:**
  Hewlett-Packard GmbH
  Einsteinring 30, D-85609 Dornach bei München
  E-Mail: thomas.eberhard@hp.com

Dr. Sonja Ellmann

Dipl.-Ök., M.A. Mitarbeiterin der Siemens AG in der Stabstelle Projektmanagement im Sektor Industry, Division Mobility. Studium der Wirtschaftswissenschaft an den Universitäten Bremen, New School University, New York und University of Cambridge, UK. Promotion am Institut für Projektmanagement und Innovation in Bremen zum Thema sozioökonomische Vernetzung in Projekten. Empirische Untersuchung zur Optimierung der Projektarbeit mittels Organisational Network Analysis (ONA). Assessorin und Trainerin für den internationalen Project Excellence Award. Regelmäßige Vorträge auf Konferenzen und Veröffentlichungen in der internationalen Fachpresse.

- **Artikel:**
  1.02 Interessengruppen/ Interessierte Parteien (Interested parties)
- **Anschrift:**
  Siemens AG, I MO AC PM
  Werner-von-Siemens-Str. 67, 91052 Erlangen
  E-Mail: sonja.ellmann@siemens.com

Prof. Dr. Birgit Ester

Professorin an der Fakultät Wirtschaftswissenschaften der Hochschule Karlsruhe – Technik und Wirtschaft. Sie vertritt dort die Fachgebiete Einkauf/Beschaffung und Logistik und ist Leiterin des Masterstudienganges International Management. Zuvor war Sie in unterschiedlichen Branchen tätig: sie leitete das Supply Chain Management bei dm drogeriemarkt GmbH + Co. KG, war im Inhouse-Consulting bei der MAN-Roland AG und leitete dort das Einkaufscontrolling und arbeitete bei Boehringer Mannheim in der Logistikplanung. Frau Ester hat Betriebswirtschaft an der Universität Mannheim studiert und als wissenschaftliche Mitarbeiterin des Fachgebiets Unternehmensführung an der TU Darmstadt zum Thema Benchmarking in der Ersatzteilwirtschaft promoviert. Frau Ester ist Vorstandsmitglied einer Regionalgruppe des BME Bundesverband Materialwirtschaft, Einkauf und Logistik.

- **Artikel:**
  1.14a Beschaffungsprozess (Procurement)
- **Anschrift:**
  Fakultät Wirtschaftswissenschaften
  Hochschule Karlsruhe – Technik und Wirtschaft
  Moltkestrasse 30, 76133 Karlsruhe
  E-Mail: birgit.ester@hs-karlsruhe.de

Peter Felske

1958 geboren am Bodensee, aufgewachsen in Köln. Technische Ausbildung zum Kfz.-Mechaniker und Hubschrauber-Mechaniker. Kaufmännische Ausbildung zum Programmierer am CD-Institut in Frankfurt. Langjährige Erfahrung als Anwendungs-, Organisations-, Systemprogrammierer MDT. Ausbildung zum „Internen Management Berater" bei Prof. Dr. Dr. Nagel in Herrenberg. Verantwortung als Projektleiter, Projektcontroller, Programmmanager. Assessor in Projekten verschiedener Branchen, Art, Größe und Komplexität. Berater und Trainer aus Überzeugung für den Sinn und Nutzen von Projektmanagement seit 1987. Bei CSC DEUTSCHLAND AKADEMIE im Thema PM-Beratung und PM-Qualifizierung verantwortlich. In der GPM tätig als korporativer Firmensprecher, als „zertifizierter und lizenzierter PM-Trainer GPM", als autorisierter Lehrgangsleiter für IPMA-Level-D bis A-Qualifizierung", als Mitglied in der regionalen „PM in IT-Fachgruppe Frankfurt", sowie als Assessor für den PM-Award. Mitwirkung im Trainerbeirat GPM und im Programmbeirat PM-ZERT. Mitautor des Standardwerkes „Projektmanagement-Fachmann".

Artikel:
1.16 Projektcontrolling: Überwachung, Steuerung und Berichtswesen (Control & reports)

Anschrift:
Peter Felske
Mühlstraße 13c, D-65396 Walluf
E-Mail: pfelske@csc.com

Erich Frerichs

Diplom-Sozialwirt. Kaufmännische Ausbildung und Studium der Sozialwissenschaften an der Georg-August-Universität Göttingen. Berufsbegleitendes Weiterbildungsstudium „Integrative Unternehmensgestaltung" am Institut für Betriebstechnik und angewandte Arbeitswissenschaften an der Universität Bremen (BIBA). Zertifizierter Auditor (DGQ) und Total Quality Management Assessor (EFQM). Langjährige Beratungstätigkeit für das AOK-Institut für Gesundheitsconsulting. Arbeitsschwerpunkte: Beratung zur Implementierung von Gesundheitsmanagementsystemen in Industriebetrieben, Öffentlichen Verwaltungen und Einrichtungen des Gesundheitswesens. Geschäftsbereichleiter Qualitätsmanagement der Diakonie Service-Zentrum Oldenburg GmbH (DSO) und Leiter des Zentrums für Qualitätsverbünde der Diakonie. Arbeitsschwerpunkte: Beratung und Training von Einrichtungen der Gesundheits- und Sozialwirtschaft bei der Implementierung von QM-Systemen. Zertifizierungsauditor DIN EN ISO 9001:2008 - Scope 38 - der ZertSozial (Zertifizierungs- und Prüfungsinstitut für Soziales, Gesundheit, Bildung und Sport). Lehrbeauftragter für „Qualitätsmanagement" an der Fachhochschule Oldenburg/Ostfriesland/Wilhelmshaven (FH OOW).

Artikel:
1.05 Qualitätsmanagement (Quality)

Anschrift:
Saarstraße 22, 26121 Oldenburg
E-Mail: erich.frerichs@web.de

Andreas Frick

Jahrgang 1960, Projektmanager, Organisationsberater und Managementberater in Veränderungsprojekten zur Entwicklung und Einführung von Projekt-, Programm- und Portfoliomanagement, Qualitätsmanagement und Prozessmanagement. Geschäftsführender Gesellschafter der Projektforum Rhein Ruhr GmbH, Vorstandsvorsitzender GPM Deutsche Gesellschaft für Projektmanagement e.V., Lehrbeauftragter für Projektmanagement Hochschule Bochum, Studium der Elektrotechnik und Informatik, Organisationsberater IGST, Zertifizierter Senior Projektmanager (IPMA Level B), Zertifizierter Trainer GPM, Autorisierter Trainingspartner GPM. Zahlreiche Vorträge und Veröffentlichungen, zahlreiche Projekte und Arbeiten in Fachverbänden.

Artikel:
3.04 Einführung in PPP-Management (Projekt, programme & portfolio implementation)

Anschrift:
Projektforum Rhein Ruhr GmbH
Friederikastraße 65, D – 44789 Bochum
E-Mail: Andreas.Frick@Projektforum.de

Dr.-Ing. Dieter Geckler

Fachreferent im Projekt „Digitale Fabrik" der Volkswagen AG, Wolfsburg. Regionalgruppenleiter der GPM, Region Braunschweig - Wolfsburg. Zahlreiche Erfahrungen in IT- und Fabrikplanungsprojekten der Volkswagen AG. Konzeption, Planung und Einführung von Systemen zur Projektkommunikation, Projektberichtswesen, Änderungsmanagement, Termin- und Investitionsplanung, Wissensmanagement.

- **Artikel:**
  1.17 Information und Dokumentation (Information & documentation)
- **Anschrift:**
  Raiffeinenalle 56, 38165 Lehre
  E-Mail: dieter.geckler@t-online.de

Prof. Dr. Michael Gessler

Prof. (Universität Bremen), Dr. (RWTH Aachen), Dipl.-Päd. (PH Freiburg), Dipl.-Betrw. (Duale Hochschule Baden-Württemberg, Heidenheim) und QM-Fachauditor (CertQua Bonn). Arbeitsgebiet: Berufliche Bildung und Berufliche Weiterbildung. Vorstand und Abteilungsleiter, ITB Institut Technik und Bildung. Universität Bremen. Programm- und Projektleiter verschiedener nationaler, europäischer und internationaler Forschungs- und Entwicklungsprojekte. Vorstand European Research Network in Vocational Education and Training (VETNET). Delegate im Council der IPMA International Project Management Association (2004-2010), IPMA Chairman YoungCrew (2005-2007), Vorstand Qualifizierung, Zertifizierung und YoungCrew der GPM Deutsche Gesellschaft für Projektmanagement (2006-2010). Herausgeber von PM3 (1.-5. Auflage).

- **Artikel:**
  Einleitung: Grundannahmen eines Kompetenzbasierten Projektmanagements
  1.00b Projektarten
  1.03 Projektziele
  1.11a Projektphasen
  2.02 Motivation und Engagement (Engagement & motivation)
- **Anschrift:**
  Universität Bremen
  ITB Institut Technik und Bildung
  Am Fallturm 1, 28359 Bremen
  E-Mail: mgessler@uni-bremen.de

Dr. Martin Goerner

Dr. phil., zertifizierter Projektmanagement-Trainer GPM-IPMA, Systemischer Organisationsberater und Master-Coach. Arbeitsschwerpunkte: Konzeption und Durchführung von Organisationsentwicklungs-Projekten: Einführung von Projektmanagement, Aufbau von Projekt-Programmen und Programm-Management; Entwicklung und Durchführung von modularisierten Weiterbildungsprogrammen zu Projektmanagement und Sozialkompetenzen für Projekt-Personal auf allen Ebenen; Coaching von Projekt- und Programm-Managern; Lehraufträge an verschiedenen Universitäten (Beratungsmethodik, Projektmanagement), div. Veröffentlichungen zu Projektmanagement, Beratungsmethodik, Weiterbildungskonzepten, sozialwissenschaftliche Forschung.

Mitglied der Projektgruppe Trainingsentwicklung und Lehrtrainer bei der GPM

- **Artikel:**
  2.11 Verhandlungen (Negotiation)
  1.07 Teamarbeit (Teamwork)
  1.18 Kommunikation (Communication) (Mitarbeit)
- **Anschrift:**
  Dr. Goerner Organisationsberatung
  Stenzelbergweg 4, 53 229 Bonn
  E-Mail: info@dr-goerner.de

Stacy A. Goff

im Projektmanagement tätig seit 1970, Berater seit 1982. Präsident von ProjectExperts®, einem Unternehmen für Projektmanagementberatung und -training mit Sitz in den USA. Seine Beratung umfasst Projektmanagement-Produkte, Beratungstätigkeiten und Workshops für Führungskräfte, Manager, Projektleiter und Fachkräfte. Tätig auf fünf Kontinenten in unterschiedlichsten Branchen wie IT, Luft- und Raumfahrt, Finanzen, Versicherungen und Pharmazie. Mitgründer von asapm®, der Amerikanischen Gesellschaft zur Förderung von Projektmanagement. USA-Vertreter bei der IPMA, der International Project Management Association. Autor und Herausgeber von The Project Guide, einer PM-Methodologie für Hoch-Risiko-IT-Projekte, MinProj®, einer Methode für unternehmensweiten PM-Einsatz sowie Co-Pilot: Small Project Guide, einem universellen Ansatz für Projektmanagement in kleinen Projekten.

Artikel:
1.18 Kommunikation (Communication)

Anschrift:
ProjectExperts
6547 N. Academy #534
Colorado Springs, CO 80918 USA
E-Mail: stacy.goff@gmail.com

Torsten Graßmeier

Kaufmännische Ausbildung, Studium der Wirtschaftswissenschaften in Wuppertal. Auslandserfahrungen in Entwicklungshilfe-Projekten in Bangladesh und Uganda. Nach dem Studium 2 Jahre IBM Deutschland GmbH, Bereich Eventmanagement. Anschließend einjährige Tätigkeit im sozialen Bereich. Seit 1999 Unternehmensberater und Trainer. Er absolvierte die Trainerausbildung bei der GPM sowie Level D + B IPMA. Ergänzende Ausbildung zum „Certified Process Manager" (Donau-Universität Krems) sowie zum Certified Scrum Master (Scrum Alliance). Leiter der PM-Akademie, Berater, Trainer und Coach für die Mercedes Benz Consulting (MB technology GmbH). Schwerpunkte: Organisationsentwicklung, Projektmanagement-Einführung und Professionalisierung, Projektaufsetzung, trouble shooting, PM-Training. Verantwortung für die Trainer- und Beraterausbildung. Das Spektrum seiner Projekte u.a.: Automobil, IT, Telekommunikation, Maschinenbau, Banken und Versicherungen. Autorisierter PM-Trainer (GPM), seit vielen Jahren „best-in-class"-Trainer. Assessor für den Project Exellence-Award.

Artikel:
2.08 Ergebnisorientierung (Results orientation)

Anschrift:
MB-technology GmbH
Leitung PM-Academy
Posener Strasse 1, 71063 Sindelfingen
E-Mail: torsten.grassmeier@mbtech-group.com

Prof. Dr. Nino Grau

Jahrgang 1950, seit 1991 Professor u. a. für Projekt- und Prozessmanagement an der Fachhochschule Gießen-Friedberg im Fachbereich Wirtschaftsingenieurwesen. Nach dem Studium der Informatik in Erlangen, des Wirtschaftsingenieurwesens und der Promotion im Bereich der „Entscheidungsfindung im Team" an der TU München war er knapp ein Jahrzehnt in der Industrie tätig – im IT-Bereich zuletzt als Organisations- und EDV-Leiter. Vorstand der GPM in verschiedenen Ressorts. Mitglied in Programmkomites zahlreicher nationaler und internationaler Tagungen und Weltkongresse im Projektmanagement und Autor verschiedener Vorträge und Veröffentlichungen. Als Projektleiter für die Einführung des neuen Weiterbildungsstudiengangs zum Dipl.-Projektmanager (FH) bzw. Dipl. Projektmanagerin (FH) tätig. Mitherausgeber der Zeitschrift „Projektmanagement aktuell" und Vice President der IPMA International Projectmanagement Association.

Artikel:
1.03 Projektanforderungen und Projektziele (Project requirements & objectives)

Anschrift:
FH Gießen Friedberg
Wilhelm-Leuschner-Str. 13 , 61169 Friedberg
E-Mail: nino.grau@wi.fh-friedberg.de

Siegfried Haarbeck

Dipl. Pol. Siegfried Haarbeck ist Geschäftsführer von apropro siegfried haarbeck projektmanagement und autorisierter Trainingspartner der GPM. Seit 1997 bietet apropro PM-Training, -begleitung und –beratung. Siegfried Haarbeck coacht Projektmanager in der Projektarbeit und führt Strategieberatungen für Projektmanager und Unternehmen durch. In der GPM engagiert er sich in der Gruppe „Train-the-Trainer", bildet Assessoren für den PM-Award aus und leitet die GPM-Regionalgruppe Weimar-Thüringen. Er ist Herausgeber des im Jahr 2000 erschienenen Buches „Deutschland 2010 – Arbeitswelt von morgen". Siegfried Haarbeck führt PM-Systematiken in Unternehmen ein, qualifiziert Senior Projektmanager und coacht Unternehmensleitungen.

- **Artikel:**
  2.08 Ergebnisorientierung (Results orientation)
- **Anschrift:**
  siegfried haarbeck projektmanagement
  Schopenhauerstraße 7, 99423 Weimar
  E-Mail: info@apropro.de

Dr. Christopher Hausmann

Geboren 1963, promovierter Sozialwissenschaftler, zert. PM-Fachmann, 1991-2000 Forschungs- und Lehrtätigkeit an den Universitäten Köln, Bochum, Ann Arbor, Siena, Exeter und Jena, zuletzt Assistent am Institut für Soziologie der Friedrich-Schiller-Universität Jena, seit 2000 zert. und. liz. GPM-Trainer (deutsch/englisch), 2000-2003 wiss. Projektleiter für empirische Sozialforschung bei apropro! Analyse Prognose Projektmanagement, seit 2003 Inhaber und Geschäftsführer der Fa. Projekt:Contor in Jena (wiss. Forschungsberatung/Projektmanagement). Schwerpunkte: Forschungsprojektierung, Evaluation, EU-Projektsteuerung, Organisationsentwicklung, Qualifizierung von Projektpersonal; über 40 fachwissenschaftliche Veröffentlichungen zum Thema Elitensoziologie, Medizinsoziologie und -kommunikation, Systementwicklung, Organisationsforschung und Erwachsenenbildung.

- **Artikel:**
  2.06 Offenheit (Openness)
- **Anschrift:**
  Projekt:Contor
  Am Planetarium 14, 07743 Jena
  E-Mail: chhausmann@web.de

Claus-Peter Hoffer

M.A., hat nach dem Studium der Wirtschafts- und Sozialwissenschaften, Psychologie und Ethnologie in Frankfurt/Main und Gießen ab 1979 bei Systemkonzept, Köln in der Industrieberatung mit Arbeitsschwerpunkt Arbeitssicherheit und Arbeitssystemgestaltung/Reorganisation gearbeitet. Danach koordinierte er als Projektleiter im Bundesverband Bekleidungsindustrie ein zentrales branchenweites Organisationsentwicklungs- und Beratungsprogramm. 1990 Wechsel zur PSI AG; Berlin, dort Beratung und Training zum Management von Projekten; Kundenschwerpunkt: F+E (IT-Unternehmen, Energiewirtschaft, Luft- und Raumfahrtunternehmen, Pharmazeutische Industrie). Inhaltlicher Fokus: Effizienz der personalen Integration und der Abstimmung der organisatorischen Wertschöpfungsstufen des Innovationsprozesses. Seit 2007 Managing Consultant der European IT Consultancy EITCO GmbH, Berlin. Veröffentlichungen u.a. zu Networking bzw. zu Prozessorientierung und Qualifizierung für Energieversorgern

- **Artikel:**
  2.09 Effizienz (Efficiency)
- **Anschrift:**
  European IT Consultancy EITCO GmbH
  Potsdamer Platz 10, 10785 Berlin
  E-Mail: cphoffer@eitco.de

Prof. Dr. Martin Högl

Inhaber des Lehrstuhls für Führung und Personalmanagement an der WHU – Otto Beisheim School of Management. Vor seinem Wechsel an die WHU lehrte Professor Högl an der Washington State University (USA) und der Università Bocconi (Mailand, Italien). Er promovierte an der Univ. Karlsruhe (TH) und habilitierte sich an der TU Berlin. Seine Forschung befasst sich schwerpunktmäßig mit der menschlichen Seite der Innovation, z.B. Kreativität, Wissensentstehung, sowie Führung und Zusammenarbeit in Innovationsprojekten.

Artikel:
2.01 Führung (Leadership)
2.01 Führung in internationalen Projektteams

Anschrift:
WHU – Otto Beisheim School of Management
Lehrstuhl für Betriebswirtschaftslehre, insbesondere Führung und Personalmanagement
Burgplatz 2, 56179 Vallendar
E-Mail: hoegl@whu.edu

Dr. Artur Hornung

Dr. rer. nat., Chemiker mit Auslandserfahrung bei europäischen Chemieverband in Brüssel. Danach langjährige, internationale Projektmanagementtätigkeit in der Pharmaindustrie. Seit 15 Jahren selbstständiger Unternehmensberater mit dem Schwerpunkt Kreatives Projektmanagement. Seminare, Workshops und Beratungen auf diesem Gebiet bei Industrieunternehmen und Dienstleistungseinrichtungen. Coaching von Projektleitern und Projektteams. Visualisierungsexperte mit der Methode Mind Mapping. Autor des Fachbuches „Kreavitätstechniken" und eines Studienbriefes zum Thema „Kreativität im Unternehmen". Trainer für den Demographischen Wandel bei der Bertelsmann Stiftung.

Artikel:
2.07 Kreativität (Creativity)
2.13 Verlässlichkeit (Reliability)

Anschrift:
Lambertusstr. 10, 79104 Freiburg
E-Mail: mail@dr-artur-hornung.de

Raimo Hübner

Dipl.-Ing., zertifizierter Senior Project Manager nach IPMA Level B und heute als Projektmanager im Kompetenzfeld ProjektManagement der Volkswagen AG tätig. Studium zum Bauingenieur an der Technischen Hochschule Leipzig. Anschließend mehrere Jahre als projektleitender Planungsingenieur in einem Ingenieurbüro und als technischer Projektmanager im Ingenieurbau bei Max Bögl. 2002 Wechsel ins Kompetenzfeld ProjektManagement bei Volkswagen. Interkulturelle Automotive Projekterfahrung in den USA, China und Indien. Leadautor im www.project-roadmap.com Netzwerk. Seit 2008 Assessor für die Projektmanagement Personenzertifizierung der PM-Zert und ehemaliger GPM Vorstand für das Vortandsressort des Deutschen Project Excellence Awards.

Artikel:
1.02 Interessengruppen/ Interessierte Parteien (Interested parties)

Anschrift:
Volkswagen AG
ProjektManagement
Postfach 011/0512, D-38436 Wolfsburg
E-Mail: raimo.huebner@volkswagen.de

Rolf Kaestner

Dipl.-Volkswirt mit den betriebswirtschaftlichen Ausbildungsschwerpunkten „Planung und Organisation in der öffentlichen Verwaltung", „empirischer Organisationsgestaltung" und „Planungsverfahren/Netzplantechnik" war in der Versicherungswirtschaft, dem Verlagswesen und der internationalen Unternehmensberatung tätig. Seit 1988 selbständig im Projektmanagement, seit 1986 Mitglied der GPM und 1997 Mitbegründer des Bundesverbandes Managed Care. Seit 1992 arbeitet er auch immer wieder als Gutachter und Sachverständiger für die GTZ. Seit 1996 ist er einer der Geschäftsführer der Econet GmbH und hat in der Zwischenzeit diverse Projekte für öffentliche und private Auftraggeber, seit Anfang der 90er Jahre auch im Gesundheitswesen realisiert. Neben mehreren Veröffentlichungen zum Projektmanagement ist für 2006 und 2008 die Beteiligung an der BMC-Schriftenreihe zu erwähnen.

Artikel:
1.11a Projektphasen (Project phases)

Anschrift:
Econet GmbH
Dienstleistungen im Netzwerk
Curienstraße 2, 20095 Hamburg
E-Mail: rolfkaestner@econetgmbh.de

Prof. Dr. jur. Angela Knauer

Professorin an der Hochschule Karlsruhe. Verantwortlich für die juristische Ausbildung in Studiengängen mit betriebswirtschaftlich-technischen Inhalten. Lehrgebiete: Zivilrecht, Allgemeines Wirtschaftsrecht, Arbeitsrecht, Wettbewerbsrecht, Internationales Wirtschaftsrecht. Langjährige Erfahrung als Referentin in juristischen Seminaren und berufsbegleitenden Studiengängen. Bis zur Professur Rechtsanwältin in bundesweit tätiger Kanzlei in Köln und Berlin. Autorin von Grundlagenwerken des Arbeits- und Betriebsverfassungsrechts; Publikationen im allgemeinen Wirtschaftsrecht für Betriebswirte. Internationale Erfahrungen (USA, Frankreich, Luxemburg).

Artikel:
1.14b Die rechtlichen Grundlagen der Beschaffung: Verträge (Contract)

Anschrift:
Hochschule Karlsruhe – Technik und Wirtschaft
Fakultät für Wirtschaftswissenschaften
Moltkestr. 30, 76133 Karlsruhe
E-Mail: angela.knauer@hs-karlsruhe.de

Dr. Hans Knöpfel

Dr. sc. techn., Dipl.-Ing. ETH. Partner bei Rosenthaler + Partner AG, Management und Informatik. Entwicklung eines systematischen Projektmanagements. Visiting Associate Professor. Interimistische Leitung der Lehre und Forschung im Bereich Bauplanung am Institut für Bauplanung und Baubetrieb der ETH Zürich. Projektleitung, Beratung und Controlling von Projekten in der Praxis. Mitglied der Geschäftsleitung. Diplomausbildung und Weiterbildung im Bauprojektmanagement. Autor von über 60 Publikationen auf Deutsch und Englisch. Leitende Arbeit in nationalen und internationalen Fachorganisationen. Urassessor und Validator für das universelle Vier-Ebenen-Zertifizierungssystem der IPMA. Mitverfasser der IPMA Competence Baseline (ICB) und der National Competence Baseline für die Schweiz.

Artikel:
1.09 Projektstrukturen (Project structures)

Anschrift:
Rosenthaler + Partner AG
Management und Informatik
Baumackerstrasse 24, Ch-8050 Zürich
E-Mail: kn@rpag.ch

Dr. Rolf Kremer

Jahrgang 1967, ist als Leiter der Produktentwicklung bei der PAVONE AG in Paderborn tätig. Nach einer kaufmännischen Berufsausbildung und anschließender Tätigkeit in der Kostenrechnung eines mittelständischen Maschinenbau-Unternehmen erfolgte sein Studium der Wirtschaftsinformatik an der Universität-Gesamthochschule Paderborn. Dieses wurde um eine berufsbegleitende Promotion zum Dr. rer. pol., ebenfalls an der Universität-Gesamthochschule Paderborn, ergänzt. Durch seine berufliche Tätigkeit bei dem Hersteller von Projekt- und Geschäftsprozess-Management-Software hat er eine enge Beziehung zum Projektmanagement. Schwerpunktmäßig liegen die Interessensgebiete bei Themen der Projektorganisation, Organisationsstrukturen sowie dem Wissensmanagement innerhalb von Projekten. Publikationen im Bereich Projektmanagement erfolgten unter anderen durch die Mitarbeit an einem Projektmanagement-Handbuch (Hrsg. Prof. Dr. Litke, Hanser-Verlag, 2005) sowie Veröffentlichungen im Projektmagazin. Er führt ein privates Weblog auf http://www.r-k.net.

Artikel:
1.06 Projektorganisiation (Project organisation)

Anschrift:
Ottensweg 3, 32549 Bad Oeynhausen
E-Mail: rolf.kremer@t-online.de

Gero Lomnitz

Dipl.-Volkswirt soz. wiss. R., Leiter des Instituts für praktische Psychologie und Organisationsberatung (IPO) in Köln. Ausbildung als Industriekaufmann, Fortbildung in Organisationsentwicklung, Psychotherapie und systemischer Beratung. Seit 1977 Berater, Trainer und Coach für namhafte Unternehmen im In- und Ausland. Arbeitsschwerpunkte sind Projektmanagement, Multiprojektmanagement, Führung, Teamentwicklung, Organisationsentwicklung, Konfliktmanagement und Coaching. Lehreauftrag für Projektmanagement Universität Klagenfurt, Fakultät für interdisziplinäre Forschung und Fortbildung, Member of Faculty ZfU – International Business School. Veröffentlichungen: Projektleiter-Praxis (mit J. Hansel) Springer-Verlag, Berlin-Heidelberg; Multiprojektmanagement – Projekte planen, vernetzen und steuern; Red Line Verlag München, 3.Auflage 2008. Zahlreiche Artikel über Projektmanagement und Führung

Artikel:
2.00 Macht und Autorität in Projekten

Anschrift:
IPO - Institut für praktische Psychologie und Organisationsberatung
Kinkelstr. 14, 50935 Köln
E-Mail: contact@ipo-lomnitz.de

Daniela Mayrshofer

Kauffrau und Diplom-Soziologin, Jahrgang 1959, ist Geschäftsführende Partnerin der Consensa Projektberatung GmbH & Co.KG. Sie ist seit 1986 als Beraterin, Trainerin und Coach im Projektumfeld tätig und hat 1989 das Beratungsunternehmen Consensa gegründet. Heute arbeitet sie als Prozessberaterin und Projektleiterin in großen Projekten fast aller Branchen und ist darauf spezialisiert, mit Geschäftsführern und Vorständen zu arbeiten. Sie ist Assessorin für den internationalen deutschen Projektmanagement-Award und verfügt über zahlreiche berufsbegleitende Ausbildungen (u.a. Projektmanagementoptimierung, EFQM-Assessorin und Systemische Beratung). Als Lehrbeauftragte für Projekt- und Changemanagement in einem MBA-Studiengang an der Hochschule für angewandte Wissenschaften in Hamburg vermittelt sie ihre umfangreiche Praxiserfahrung an meist berufstätige Studenten. Daniela Mayrshofer hat zahlreiche Fachvorträge zu unterschiedlichen Projektmanagement-Themen gehalten und ist Autorin des Buchs „Prozesskompetenz in der Projektarbeit" (Hamburg 2001).

Artikel:
3.08 Personalmanagement (Personnel management)

Anschrift:
CONSENSA Projektberatung GmbH & Co. KG
Sankt Pauli Fischmarkt 20, 20359 Hamburg
E-Mail: Daniela.Mayrshofer@consensa.com

Dr. Mey Mark Meyer

Dipl.-Ing., war mehrere Jahre als Projektsteuerer von Bauprojekten des Infrastruktur-, Gewerbe- und Wohnungsbaus tätig. Daneben war er für die Gestaltung der für die Bauprojekte benötigten Softwareunterstützung mit verantwortlich. Als Mitarbeiter am IPMI Institut für Projektmanagement und Innovation der Universität Bremen befasste er sich intensiv mit der Softwareunterstützung für das Projektmanagement. Er ist Autor mehrerer Studien und zahlreicher Fachbeiträge zu diesem Themenbereich. Heute ist Herr Meyer selbstständiger Berater und Trainer. Er begleitet Unternehmen bei der Einführung von Projektmanagement-Systemen und der diese Systeme unterstützenden Informationssysteme. Herr Meyer leitet die GPM-Fachgruppe „Software für Projektmanagementaufgaben" und ist in der Redaktion der „projektMANAGEMENT aktuell" für das Ressort Software zuständig.

Artikel:
1.22 IT im Projektmanagement

Anschrift:
m_ projekt:informations:management
Wilhelm-Herbst-Straße 12, D-28359 Bremen
E-Mail: MeyM@rkMeyer.de

Dr. Thor Möller

Nach dem Studium der Wirtschaftswissenschaften promovierte Thor Möller am Institut für Projektmanagement und Innovation (IPMI). Danach leitete er die Abteilung für Betriebswirtschaft im Zentralverband des Deutschen Baugewerbes. Anschließend arbeitete er als Projektleiter für internationale Projekte bei der ucb Managementberatung. Seit 1995 ist er selbstständiger Unternehmensberater. Thor Möller ist seit 1995 Mitglied und seit 2004 Vorstandsmitglied der GPM. Er verantwortet u.a. seit 2004 die Awards und ist Projektleiter für den Aufbau der Beraterzertifizierung. Er ist mehrfacher Buchautor und hat zahlreiche Artikel publiziert. Als Trainer ist er weltweit in namhaften Unternehmen und Hochschulen aufgetreten. Er lebt mit seiner Frau und zwei Kindern in Hamburg.

Artikel:
1.01 Projektmanagementerfolg (Project management success)
3.06 Geschäft (Business)

Anschrift:
con-thor Unternehmensberatung
Christoph-Probst-Weg 21 (Kegelhofpark), D - 20251 Hamburg
E-Mail: thor@con-thor.de

Dr.-Ing. Erhard Motzel

Dr.-Ing., Dipl.-Ing. er studierte an der Technischen Universität Darmstadt Bauingenieurwesen, war Wissenschaftlicher Mitarbeiter am Institut für Statik und Stahlbau und promovierte dort 1976 zum Doktor-Ingenieur. Danach war er bis 1999 Berechnungsingenieur, Projektleiter, Abteilungsleiter, Leitender Angestellter und Prokurist bei Mannesmann Demag AG, Energie- und Umwelttechnik (vormals Mannesmann Anlagenbau) in Düsseldorf und Frankfurt/Main. Seit 1984 GPM-Mitglied, 1988 Gründung der Regionalgruppe Frankfurt, 1988-1999 GPM-Vorstand, ab 1993 Zertifizierter Projektmanagement-Trainer. 1994 Aufbau der Zertifizierung von Projektmanagern in Deutschland, Gründung der Zertifizierungsstelle PM-ZERT, Direktor, bis 2004 Vorsitzender des Lenkungsausschusses, Assessor. 2000 GPM-Ehrenmitglied. Bei der IPMA ab 1996 im Council-of-Delegates, Mitaufbau des IPMA-Vier-Ebenen-Zertifizierungssystems, bis 2000 Mitglied im Certification-Validation-Management-Board, First Assessor in Deutschland, Island, Slowenien und China, Promotor in Lettland und Brasilien, Validator in Österreich, Ägypten, Ukraine, Dänemark und Tschechien, 2004 IPMA Honorary Fellow. Zahlreiche Fachbeiträge und Bücher zum Projektmanagement, 2006 „Lexikon Projektmanagement".

Artikel:
1.16 Projektcontrolling: Überwachung, Steuerung und Berichtswesen (Control & reports)

Anschrift:
Isselstraße 43, D-64297 Darmstadt
E-Mail: dr.motzel@t-online.de

Hélène Mourgue d'Algue

Jahrgang 1972, lic. oec. und Nachdiplomstudium im Projektmanagement. Verantwortliche für die HERMES Methode im Informatikstrategieorgan Bund ISB. Mitglied des Vorstandes der Swiss Project Management Association (spm). Nach mehrjähriger Tätigkeit in der Projektleitung im Informatikbereich, insbesondere bei Verwaltungen, hat sie Ende 2007 die Verantwortung für die HERMES Methode übernommen. Schwerpunkt der heutigen Herausforderungen bildet die Abstimmung von anspruchsvollen theoretischen Modellen mit anwenderorientierten Ergebnissen. Ein weiteres Kernelement ihrer Tätigkeit ist die Analyse und Positionierung weiterer Projektmanagement-Methoden aus dem IT-Umfeld im Hinblick auf die laufende Verbesserung von HERMES. Bei der Weiterentwicklung von HERMES wird das Augenmerk insbesondere auf Themen gerichtet wie Agilität, ITIL, PMI, IPMA, Requirements Engineering usw.

Artikel:
1.11a Projektphasen (Project phases)

Anschrift:
Eidgenössisches Finanzdepartement EFD
Informatikstrategieorgan Bund ISB
Friedheimweg 14, CH-3003 Bern
E-Mail: helene.mourguedalgue@isb.admin.ch

Prof. Dr. Michael Müller-Vorbrüggen

Diplom Theologe, studierte zusätzlich Wirtschaftspädagogik und Psychologie und promovierte an der RWTH Aachen. Viele Jahre war er als Personalverantwortlicher im kirchlichen Dienst und in der Bankgesellschaft Berlin AG tätig. Er spezialisierte sich auf die Felder Personalmanagement, Personalentwicklung und Coaching, in denen er auch als freiberuflicher Berater arbeitet (www.mueller-vorbrueggen.de). Seit 2002 ist er Professor für Personalmanagement insbesondere Personalentwicklung am Fachbereich Wirtschaftswissenschaften der Hochschule Niederrhein. Er ist Autor einer Vielzahl von Veröffentlichungen und seit 2006 geschäftsführender Direktor des - IPM - , Institut für Personalführung und Management der Hochschule Niederrhein (ipm.hs-niederrhein.de).

Artikel:
2.15 Ethik (Ethics)

Anschrift:
Geschäftsführender Direktor des -IPM-
Institut für Personalführung und Management / Fachbereich Wirtschaftswissenschaften
Hochschule Niederrhein
Webschulstrasse 41-43, D-41065 Mönchengladbach
E-Mail: vorbrueggen@hsnr.de

Dr. Frank Musekamp

Studium „International Management" an der Universität Flensburg mit den Schwerpunkten Arbeits- und Organisationspsychologie sowie Personal und Organisation, Promotion an der Universität Bremen. Auslandsaufenthalte in Kolumbien und Honduras. Während des Studiums erste wissenschaftliche Arbeiten zum Thema „Entgrenzte Arbeit und psychosoziale Gesundheit" „Vereinbarkeit von Arbeit und Privatem (Work-Life-Balance)". Empirische Untersuchung zum Umgang mit Zeit in Projekten der Automobilzulieferindustrie im Rahmen der Masterarbeit (MBA). Zertifizierter Projektmanagement-Fachmann (Level D). Konzeption und Durchführung von Schulungen zum Thema Projektmanagement an der Universität Flensburg und freier Mitarbeiter bei pm|c - Projektmanagement & Consulting. Seit August 2005 wissenschaftlicher Mitarbeiter am Institut Technik und Bildung, Universität Bremen und dort Koordinator in verschiedenen Projekten zur Berufsbildungsforschung.

Artikel:
2.05 Stressbewältigung und Entspannung (Relaxation)

Anschrift:
Institut Technik und Bildung
Universität Bremen
Am Fallturm 1, D-28359 Bremen
E-Mail: musekamp@uni-bremen.de

Dr. Miriam Müthel

Promotion an der Universität Lüneburg, ist Habilitandin am Lehrstuhl für Führung und Personalmanagement an der WHU – Otto Beisheim School of Management. Ihr Forschungsinteresse konzentriert sich auf internationales Projektmanagement mit dem Schwerpunkt Führung, interpersonales Vertrauen und interkulturelles Management. Vor ihrem Wechsel an die WHU war Dr. Müthel als Beraterin der Volkswagen Coaching GmbH im Bereich internationales Projektmanagement tätig. Dort entwickelte sie einen Leitfaden zur Durchführung internationaler Projekte. Ferner spezialisierte sie auf das Thema Führung in internationalen Projekten und entwickelte Anforderungsprofile sowie Personalentwicklungsmaßnahmen für Projektleiter. Darüber hinaus setzte sie einen weiteren Schwerpunkt auf die Beratung deutsch-chinesischer Projekte und entwickelte Projektmanagment-Seminare mit speziellem Fokus auf die Führung deutsch-chinesischer Projektteams.

Artikel:
2.01 Führung (Leadership)
2.01 Führung in internationalen Projektteams

Anschrift:
WHU – Otto Beisheim School of Management
Lehrstuhl für Betriebswirtschaftslehre, insbesondere Führung und Personalmanagement
Burgplatz 2, 56179 Vallendar
E-Mail: miriam.muethel@whu.edu

Prof. Dr. Gerold Patzak

Prof. Dipl.-Ing. Dr. techn. an Technische Universität Wien, Wirtschaftsuniversität Wien, Johannes Kepler Universität Linz, Donau Universität Krems (MBA – Ausbildung sowie Universitätslehrgang Qualitäts- und Prozessmanagement). USA: Georgia Institute of Technology, Virginia Polytechnic Institute, Purdue University, University of Colorado. Fachgebiete: Systemtechnik (Systems Engineering), Zuverlässigkeitstechnik (Reliability Engineering), Project Management Gründer und Miteigentümer der Beratungsfirma PRIMAS Consulting; Beratungen und Trainings. Seminare und Vortragstätigkeit in der Wirtschaft für verschiedenste Unternehmungen. Projekte: Unternehmensorganisation, Organisation der Verwaltung, Logistik, Produktgestaltung, Systemgestaltung, Projekt Management, Prozessmanagement, Quality Management und Benchmarking. Publikationen zur Systemtechnik 1982, Projektmanagement 2001, Qualitätsmanagement 1996 und Prozessmanagement 2007. Assessor für die Personenzertifizierung im Projektmanagement nach dem 4-Level Schema der IPMA International Project Management Association.

Artikel:
2.07 Kreativität (Creativity)
2.13 Verlässlichkeit (Reliability)

Anschrift:
Systemtechnik und Projektmanagement
Institut für Managementwissenschaften an der Technischen Universität Wien
Theresianumgasse 27, A-1040 Wien
E-mail: Gerold.Patzak@aon.at

Prof. Jochen Platz

Prof. Dipl.-Ing. Platz ist Inhaber und Geschäftsführer der GFM, Gesellschaft für Forschungs- und Entwicklungs-management mbH, München. Die GFM ist spezialisiert auf alle Aufgabenbereiche des Projektmanagements für innovative Projekte. Nach einem Studium der Nachrichtentechnik und der Betriebswirtschaftslehre in München entwickelte er Software in der Siemens AG. Sein Berufsweg führte ihn vom Projektleiter für Software-Großprojekte über die Verantwortung für eine sehr große Multi-Projektumgebung hin zum Aufbau und der Leitung der hausinternen Beratungsstelle für Projektmanagement in der Siemens AG. 1989 gründete er die GFM, Gesellschaft für Forschungs- und Entwicklungsmanagement mbH. Er war acht Jahre lang Vorstand der GPM Gesellschaft für Projektmanagement e.V.. Die Technische Universität München hat ihn zum Honorarprofessor für Projektmanagement ernannt. Er engagiert sich insbesondere für die Implementierung des Projektmanagements in Produktentwicklungs- und IT-Umgebungen und für die psychosoziale Seite des Projektmanagements.

Artikel:
1.08 Problemlösung (Problem resolution)

Anschrift:
GFM Ges. für Forschungs- und Entwicklungs-Management mbH
Wolfratshauserstr. 157a, D-81479 München
E-Mail: gfmplatz@compuserve.com

Kathrin Platz

Frau Platz, Dipl.-Kulturw., ist Junior-Beraterin der GFM, Gesellschaft für Forschungs- und Entwicklungsmanagement mbH in München, und Assistentin des Geschäftsführers der GFM. Frau Platz studierte Kulturwirtschaft an der Universität Passau. Einen besonderen Schwerpunkten ihres Studiums bildete die internationale Betriebs- und Volkswirtschaftslehre mit dem Fokus auf Lateinamerika. Das praktische Know-how für die Strategie- und Prozess-Beratung in Unternehmen erwarb Frau Platz in mehreren Internships, z.B. bei Deloitte & Touche. Seit 2005 arbeitet Frau Platz bei der GFM als Beraterin. Sie ist mit dem Aufbau von Trainings zum Thema Projektmanagement und Analysen bei Beratungsprojekten hinsichtlich der Implementierung und Weiterentwicklung von Projektmanagement in Unternehmen betraut. Dipl.-Kulturw. Platz engagiert sich insbesondere für das Thema „Entscheiden in der Projektumgebung" im Zusammenhang mit der psychosozialen Kompetenz im Projektmanagement.

Artikel:
1.08 Problemlösung (Problem resolution)

Anschrift:
GFM Ges. für Forschungs- und Entwicklungs-Management mbH
Wolfratshauserstr. 157a, D-81479 München
E-Mail: gfmplatz@compuserve.com

Frank Pohl

Jahrgang 1969, Dipl. Kaufmann und MA in Psychologie und Sport. Stv. Geschäftsführer der SGO Training AG (Schweizerische Gesellschaft für Organisation und Management). Nach mehrjähriger Projektleitungs-, Beratungs- und Dozententätigkeit an der Justus Liebig Universität in Giessen sowie bei der ibo Beratung und Training GmbH, Wechsel 2005 zur SGO. Er verantwortet die Bereiche Projekt- und Changemanagement. Frank Pohl engagiert sich im Projektmanagement als Lead-Assessor (IPMA Level B) und Vorstandsmitglied beim Schweizer VZPM (Verein zur Zertifizierung im Projektmanagement). An der Hochschule für Wirtschaft in Zürich (HWZ) ist er Studiengangsleiter des Masters of Advanced Studies (MAS) in Projektmanagement. Darüber hinaus unterrichtet Frank Pohl an der Universität Klagenfurt (Österreich) und an der Hochschule für Wirtschaft in Zürich.

Artikel:
3.05 Stammorganisation (Permanent Organisation)

Anschrift:
SGO Training
Flughofstrasse 50, CH 8152 Glattbrugg
E-Mail: frank.pohl@sgo.ch

Dietmar Prudix

M.Sc., Jahrgang 1955, kaufmännische Ausbildungen, Studium der Wirtschaftswissenschaften, Spezialisierung im Bereich Personalentwicklung, Master of Science in sozialer Kommunikation und Konfliktmanagement. Tätigkeit als Human Ressources Director in einem internationalen Konzern. Trainer und Berater für Teamentwicklung, Gestaltung von Teamprozessen und Entwicklung von Teamevents und Steigerung der Teamperformance. Ein weiterer Schwerpunkt ist die Tätigkeit als Mediator und Coach. Entwicklung von Methoden und Instrumenten zur Konfliktverarbeitung, z. B. Conflict Cube® und Conflict Matrix® zum schnellen und intensiven regeln von unterschiedlichen Konflikten. Innerhalb der GPM zertifizierter PM Level B und zertifizierter Trainer GPM und Mitarbeit in Fachgruppen. Regelmäßige Veröffentlichungen zu Themen in den Bereichen Projektmanagement, persönliche Leistungsverbesserung, Teamentwicklung. Entwicklung von Seminarspielen zur Steigerung der Nachhaltigkeit von Trainingstransferleistungen.

Artikel:
1.07 Teamarbeit (Teamwork)

Anschrift:
Ziegelstrasse 11, 71063 Sindelfingen
E-Mail: dietmar@prudix.de

Martin Raab

Dipl.-Ing., Gründer und geschäftsführender Gesellschafter der Raab Ingenieure Unternehmensberatung GmbH. IPMA Level A Zertifizierter Projektdirektor GPM und autorisierter Trainingspartner GPM. Projektleiter, Leiter von Projektprogrammen und -portfolios, Leiter Projektcontrolling, operativer Krisen- und Interim-Manager, Berater für das Projekt- und Prozessmanagement, Projektmanagement-Trainer. Lehrbeauftragter für Projektmanagement, Autor von Publikationen und Referent zu Themen im Projektmanagement, mehrfacher Preisträger für Themenbeiträge. Berufsausbildung zum Nachrichtengerätemechaniker, Studium der Elektrotechnik / Nachrichtentechnik, tätigkeitsbezogene Zusatzqualifikationen.

- **Artikel:**
  3.04 Einführung in PPP-Management (Projekt, programme & portfolio implementation)
- **Anschrift:**
  Raab Ingenieure Unternehmensberatung GmbH
  Gleiwitzer Straße 5 b, D-55131 Mainz
  E-Mail: Office@Raab-Ingenieure.com

Günter Rackelmann

Dipl.-Kfm., arbeitete nach dem Studium der Betriebswirtschaftslehre an der Friedrich-Alexander-Universität Erlangen Nürnberg mehrere Jahre als Assistent am Lehrstuhl für Betrieb- und Wirtschaftsinformatik und ist Mitbegründer der GCA projektmanagement + consulting gmbh (seit 1979) in Nürnberg. Er übernahm Aufgaben als Projektleiter, Projektsteuerer und Berater in Großprojekten der Industrie und der öffentlichen Hand in den Bereichen Bau, Anlagenbau, Kraftwerksbau, Eisenbahn- und Straßenbau, Flugzeugindustrie und städtebaulichen Entwicklungsmaßnahmen sowie bei Softwareentwicklungsprojekten. Tätigkeitsschwerpunkte waren Konzeption, Aufbau und Einführung von Projektsteuerungssystemen., Termin- und Kostencontrolling sowie Schulungen, Trainings und Coching für Führungskräfte, Projektleiter und Projektteams. Er ist seit 1993 zertifizierter Projektmanagement Trainer (GPM) und war von 1996 bis 2008 Vorstandsmitglied der GPM. Darüber hinaus hat er zahlreiche Veröffentlichungen zum Thema Projektmanagement verfasst.

- **Artikel:**
  1.11b Ablauf und Termine (Time)
- **Anschrift:**
  GCA projektmanagement + consulting gmbh
  Frankenstraße 152, 90461 Nürnberg
  E-Mail: g.rackelmann@gca-consulting.de

Guido Reuter

geb. 1960, ist seit 1994 Inhaber von REUTER management training – Unternehmen für Training, Beratung und Coaching und Geschäftsführer der PROJEKT.EXPERTEN GmbH – Netzwerk für Beratungsexperten. Er ist Personalentwickler, ausgebildeter Trainer / IHK München, Trainer und Berater BDVT, Zertifizierter Trainer GPM (Level D-A) und außerdem 4 facher BEST-IN-CLASS TRAINER der GPM. Durch seine Berufspraxis und Erfahrung in den Bereichen Vertrieb, Projektmanagement, Teamentwicklung und Führung und seine branchenübrgreifende Tätigkeit, liegen seine Schwerpunkte im Training und Beratung dieser Disziplinen. Er ist aktives Mitglied folgender Verbänden & Vereinigungen: ASTD - American Society for Training and Development. BDVT - Bundesverband Deutscher Verkaufsförderer u. Trainer e.V. Ausbilder für Trainer bei der BDVT Trainer Akademie München. GPM - Deutsche Gesellschaft für Projektmanagement e.V. Qualitätsnetzwerk Erfolgsgemeinschaft PROJEKT.EXPERTEN Experten-Netzwerk für Excellence in der Projektarbeit

- **Artikel:**
  2.10 Beratung (Consultation)
- **Anschrift:**
  REUTER management training
  Haid 74 , 91352 Hallerndorf
  E-Mail: guido.reuter@reuter-training.de

Ralf J. Roeschlein

Dipl.-Ing. Maschinenbau und Betriebsökonom Dipl. Oek., ist Geschäftsführender Gesellschafter der Roeschlein Project Management GmbH. Er ist seit mehr als 14 Jahren im Projektgeschäft tätig und hat unter anderem diverse internationale Großprojekte geleitet. Mit seinem Beratungsunternehmen wickelt Herr Roeschlein Projekte als Interim Manager ab, optimiert Projektmanagement-/ Vertriebsprozesse und baut PMOs auf. Er ist/war maßgeblich an der Neuentwicklung der DIN 69901:2009 und ISO 21500 beteiligt und treibt die Zertifizierung von Unternehmen im Bereich Projektmanagement mit voran. Des Weiteren ist Herr Roeschlein Dozent für Projektmanagement an der Hochschule München, der Technischen Akademie Esslingen (TAE) und gibt auch Individualschulungen für Unternehmen.

Artikel:
1.00a Projekte, Projektmanagement und PM-Prozesse

Anschrift:
Roeschlein Project Management GmbH
Karl-Arnold-Strasse 26, D-33106 Paderborn
E-Mail: ralf@roeschlein.net

Adolf Rohde

Diplom Mathematiker, Leiter des Competence Center Projektmanagement bei ibo Beratung und Training GmbH. Er berät Unternehmen bei der Weiterentwicklung ihres Projektmanagements vor allem von Organisations- und IT-Projekten. Er ist Entwickler und Trainer von Qualifizierungen für Projektpersonal im In- und Ausland. Er ist gemeinsam mit Karl Pfetzing Autor des Buches „Ganzheitliches Projektmanagement", das Anfang 2009 in der dritten Auflage erschienen ist. Er ist zertifiziert nach den Standards der IPMA und des PMI. Er vertritt ibo in der GPM Deutsche Gesellschaft für Projektmanagement e.V. und ist Mitglied der GPM-Fachgruppe „Verkürzung von Projektlaufzeiten".

Artikel:
1.06 Projektorganisation (Project organisation)

Anschrift:
ibo Beratung und Training GmbH
Im Westpark 8, D-35435 Wettenberg
E-Mail: adolf.rohde@ibo.de

Uwe Rohrschneider

Dipl. Kfm., ca. 25 Jahre im Projektmanagement. Berufsweg nach Lehre und BWL-Studium: Vorstandsassistent, Berater und Beratungsleiter in Instandhaltungsprojekten in EVUs und Chemie. Projekten in EVUs und Chemie, Projektleiter für Büro-Organisationsentwicklung und -einführung, Teammitglied und Teilprojektleiter zur Projektmanagement-Organisation im Industrieanlagenbau der Siemens AG, seit mehreren Jahren freiberuflicher Trainer, Dozent, Berater und Coach, Fachbuchautor. Tätigkeitsschwerpunkte und Erfahrungen: Praktische Projektleitung, PM-Unterstützung und Coaching von Projektleitern. Spezielle Entwicklungen zum Risiko- und Claimmanagement in Projekten. Entwicklung von Projektmanagement-Verfahren und Implementierung bei Anwendern. Konzeption und Durchführung allgemeiner und kundenindividueller PM-Seminare und Trainings, Entwicklung neuer Lernformen (Blended Learning). Fachliche Schwerpunkte und Kunden in den Bereichen Industrie- und Anlagenbau, Entwicklung, Organisations- und IT-Projekte. Zertifizierter Projektmanagement-Fachmann, Leitungsfunktionen in der GPM-Regionalgruppe Berlin und in der Fachgruppe Risikomanagement.

Artikel:
1.04 Risiken und Chancen (Risk & opportunity)

Anschrift:
PMC+T
Legiendamm 34, 10969 Berlin
E-Mail: rohrschneider.pmc@t-online.de

Christoph Rosenthaler

Dipl.-Ing. ETH/SIA. Geschäftsführender Partner bei Rosenthaler + Partner AG, Management und Informatik. Einführung des Projektmanagements in einem grösseren Ingenieurunternehmen. Aufbau einer Generalplanungs- und PM-Abteilung. Projektleitung, Beratung und Controlling von Projekten für Industrie, Gewerbe, Verkehrswege und Ver-/Entsorgung im In- und Ausland. Projektmanagement-Aktivitäten in verschiedenen, zum Teil sehr grossen Informatikprojekten. Erarbeitung von PM-Methoden und -Instrumenten. Konzeption und Umsetzung von Informatikwerkzeugen für diverse PM-Themen. Aktivitäten in den Bereichen Qualitäts- und Risikomanagement. Leitende Arbeit in nationalen Fachorganisationen.

- **Artikel:**
  1.09 Projektstrukturen (Projekt structures)
- **Anschrift:**
  Rosenthaler + Partner AG
  Management und Informatik
  Postfach, CH-4132 Muttenz 2
  E-Mail: ro@rpag.ch

Manfred Saynisch

Dipl.-Ing., über 40 Jahre Erfahrung bei maßgeblichen nationalen und internationalen Projekten sowie projektorientierten Unternehmen (u.a. Aufbau und Leitung des Project Office von F+E- und unternehmensübergreifenden Großprojekten sowie der Organisation eines internationalen Großunternehmens). Gehört zu den Pionieren des Projekt- und Konfigurationsmanagements (PM+KM) in Deutschland. 1985 Gründung der „SPM-CONSULT" (Beratung, praktische Unterstützung und Einführung von PM und KM). Daneben auch Forschungstätigkeiten und Lehraufträge. 2006 Gründung der MSPM-Stiftung für Projektmanagement, seitdem als deren Vorstand tätig. Über 140 Veröffentlichungen zum PM/KM, erste umfassende Darstellung von Konfigurationsmanagement in deutsch. Mitarbeit DIN EN ISO Norm über KM. 2007 mit dem neuen „IPMA International Research Award" ausgezeichnet. Gründungs- und Ehrenmitglied der GPM, 2004-2007 Kuratoriumsmitglied und seit 2007 Mitglied des GPM-Forschungsbeirats. In verschiedenen Fachausschüssen tätig, u.a. DIN-Normenausschüsse (1970-2005), Editorial Board „International Journal of Project Management" (1982-2004), Redaktionsbeirat „projektMANAGEMENT-aktuell" (seit 1989), Programmkomitees verschiedener Tagungen. Initiierung und Leitung des Forschungsprogramm „Neue Wege im Projektmanagement".

- **Artikel:**
  1.15 Konfiguration und Änderungen (Changes)
- **Anschrift:**
  SPM-Consult
  Düppeler Str. 19, 81929 München
  E-Mail: saynisch@spm-consult.de

René Schanz

Studium zum dipl. Restaurateur/Hotelier HF an der Hotelfachschule Belvoirpark, Zürich. Präsident der Prüfungskommission für die Höheren Eidgenössischen Fachprüfungen im Gastgewerbe. Viele Jahre Projekt- und Programmführung in Gastronomie, Bundesverwaltung und Armee. Mitglied Steuerungsausschuss des Vereins zur Zertifizierung im Projektmanagement (VZPM) und Assessor IPMA Level A und B für die Zertifizierung im Projektmanagement. Abschluss Master of Advanced Studies (MAS Projectmanagement) an der Universität Klagenfurt (Masterthesis zum Thema Projektethik und -moral). Heute verantwortlicher Leiter für das strategische Projekt- und Programmportfolio und der projektorientierten Unternehmensentwicklung im Bundesdepartement Verteidigung, Bevölkerungsschutz und Sport.

- **Artikel:**
  2.15 Ethik (Ethics)
- **Anschrift:**
  VBS, Planungsstab der Armee
  Strategische Planung Verteidigung
  Schermenwaldstrasse 13, CH-3063 Ittigen bei Bern
  E-Mail: rene.schanz@vtg.admin.ch

Prof. Dr. Heinz Schelle

Jahrgang 1938, hat in München Nationalökonomie studiert. Nach der Promotion im Jahre 1968 arbeitete er bis 1975 in der Zentralen Forschung und Entwicklung der Siemens AG als interner Unternehmensberater. 1975 erhielt er einen Ruf auf eine Professur für BWL mit besonderer Berücksichtigung des Projektmanagements an der Fakultät für Informatik der Universität der Bundeswehr München. Schelle gründete 1979 zusammen mit Roland Gutsch und Hasso Reschke die GPM Deutsche Gesellschaft für Projektmanagement e.V. und war bis 1998 Mitglied des Vorstands. Nach seinem Ausscheiden wurde er zum Ehrenvorsitzenden ernannt. Er ist Verfasser von rund 60 Publikationen zum Thema Projektmanagement, Chefredakteur der Zeitschrift „Projektmanagement aktuell" und einer der Initiatorender Loseblattsammlung „Projekte erfolgreich managen". Er war für das Programm von rund 25 Kongressen verantwortlich, u.a. für den Projektmanagement-Weltkongress 1979 in Garmisch-Partenkirchen und den Weltkongress 2002 in Berlin.

Artikel:
3.00 Projektmanagement und Unternehmensstrategie

Anschrift:
Münchnerstraße 1, 82496 Oberau
E-Mail: h. schelle@gaponline.de

Heinz Scheuring

Dipl.-Ing. ETH, Inhaber und Geschäftsführer der Scheuring Project Management AG. Beratung, Schulung und Coaching von Unternehmen und Organisationen im Projektmanagement. Entwicklung und Vertrieb von Standard-Software in den Bereich Projektmanagement und Multiprojekt-Ressourcenmanagement sowie Wissensmanagement und Arbeitstechnik. Begründer der Internet-Wissensinitiative hyperWeb.org, Leiter und Hauptaktionär des Unternehmens hyperWeb AG. Mitglied des Vorstands der Schweizerischen Gesellschaft für Projektmanagement spm, Ressort Bildung. Begründer des Programms „Projektmanagement macht Schule" an Volks- und höheren Schulen. Autor des Fachbuchs Der www-Schlüssel zum Projektmanagement sowie von zahlreichen Fachbeiträgen.

Artikel:
1.12 Ressourcen (Resources)
1.19 Projektstart (Start-up)

Anschrift:
Scheuring Project Management AG
Kaiserstrasse 8, CH-4310 Rheinfelden
E-Mail: heinz.scheuring@scheuring.ch

Daniela Schindler

Dipl. Geographin und Assistentin der Geschäftsleitung der PROJEKT.EXPERTEN GmbH. Sie konnte internationale Erfahrungen in der Projektarbeit sammeln, bei denen interkulturelle Aspekte mit Osteuropa im Vordergrund standen. Zu den von Frau Schindler begleiteten Ost-Europa Projekten gehören Organisationsprojekte zur wirtschaftlichen Entwicklung von Industrieregionen sowie Investitionsprojekte für diese Regionen mit EU Förderung. Sie ist aktives Mitglied folgender Verbänden & Vereinigungen: PROJEKT.EXPERTEN Experten-Netzwerk für Excellence in der Projektarbeit

Artikel:
2.10 Rücksprache und Beratung (Consultation)

Anschrift:
REUTER management training
Willy-Lessing-Straße 12, 96047 Bamberg
E-Mail: info@reuter-training.de

Christine Schmidt

Inhaberin der Firma „Mediation & Projektmanagement". Seit über 18 Jahren im Projektmanagement tätig als Projektleiterin, PM-Beauftragte sowie als PM-Beraterin und -Trainerin. Ursprünglich im Bereich der Projektmanagement-Methodik und -Techniken aktiv (Vorgehensweisen und Toolunterstützung), steht jetzt vor allem der Bereich der Soft Skills für Projektleiter im Mittelpunkt der Arbeit. Schwerpunktthemen sind: kooperative Konfliktlösung und Konfliktprävention durch effektive Kommunikation und Kooperation sowie emotionale Kompetenz. Studium der Betriebswirtschaftslehre (Schwerpunkt: Datenverarbeitung und Organisation), ausgebildete Wirtschaftsmediatorin (IHK), zertifizierte Projektmanagement-Fachfrau sowie ehem. zertifizierte Projektmanagerin (2004 – 2007); umfangreiche Weiterbildungen zu Coaching, in Gewaltfreier Kommunikation (M. Rosenberg) und in Tanz- und Ausdruckstherapie. Gründerin der Fachgruppe „Kooperative Konfliktlösung in Projekten" und Mitglied der Schiedsstelle der GPM.

- **Artikel:**
  2.11 Verhandlungen (Negotiation)
  2.12a Konflikte (Conflict)
  2.12b Krisen-Projektkrisen (Crises)
- **Anschrift:**
  Mediation & Projektmanagement
  Rossinistraße 2, 88353 Kisslegg
  E-mail: schmidt_ch@t-online.de

Dr. Andreas Sebe-Opfermann

Dipl.-Pädagoge, Studium der Erziehungswissenschaft/Erwachsenenbildung, Psychologie und Informatik (Universität zu Köln und RWTH Aachen). Projektkoordinator und wissenschaftlicher Mitarbeiter im ITB Institut Technik und Bildung, Universität Bremen. Mitglied des GPM Young Crew Management Boards sowie Mitglied der IPMA Young Crew (2006-2010). Mitentwickler des Ansatzes "Projektmanagement macht Schule (GPM)" sowie stellvertretender Leiter der entsprechenden Fachgruppe.

- **Artikel:**
  2.02 Motivation und Engagement (Engagement & motivation)
- **Anschrift:**
  Universität Bremen
  ITB Institut Technik und Bildung
  Am Fallturm 1, 28359 Bremen
  E-Mail: andreas-so@uni-bremen.de

Prof. Dr. Siegfried Seibert

Diplom-Wirtschaftsingenieur. Dr. Siegfried Seibert ist Professor für Projektmanagement und Unternehmensführung an der Hochschule Darmstadt. Hier hat er am Aufbau der Studiengänge Betriebswirtschaftslehre und Media System Design mitgewirkt und leitet nunmehr den Studienschwerpunkt „Projektmanagement und Controlling" im Studiengang Wirtschaftsingenieurwesen. Von 2002 bis 2006 war Siegfried Seibert Mitglied des Vorstands der GPM Deutsche Gesellschaft für Projektmanagement. In dieser Zeit leitete er das Ressort Publikationen und arbeitete als Chefredakteur der Zeitschrift projektMANAGEMENTaktuell. Seit 2007 ist er Mitglied des Kuratoriums der GPM. Daneben führt Siegfried Seibert regelmäßig Schulungen zum IT-Projektmanagement und zur Software-Kostenschätzung durch und verfügt über eine langjährige, leitende Industriepraxis in der Automobil-Zulieferindustrie.

- **Artikel:**
  1.11a Projektphasen (Project phases)
  1.13 Kosten und Finanzmittel (Cost & finance)
- **Anschrift:**
  Hochschule Darmstadt - University of Applied Sciences
  Fachbereich Wirtschaft (Campus Dieburg)
  Max-Planck-Straße 2, D-64807 Dieburg
  E-Mail: siegfried.seibert@h-da.de

Dr. Jörg Seidl

Dr. rer. pol., Dipl. Wirtsch.-Inf., Geschäftsführender Gesellschafter der BonVentis GmbH. Promotion über Multiprojektmanagement, Institut für Projektmanagement und Innovation, Universität Bremen. IPMA Level B Certified Senior Project Manager (GPM). Studium der Wirtschaftsinformatik, TU Darmstadt. Gründer und Leiter der Fachgruppe Multiprojektmanagement der GPM. Mitglied des GPM-Fachbeirats. Langjährige Management- und Projekterfahrungen. Leitung Consulting bei Ropardo AG und ExperTeam AG. Seit 1995 Beratungstätigkeiten in den Branchen IT, Finanzdienstleistungen, Automotive, Öffentliche Hand. Zuvor Linienverantwortung beim Reiseveranstalter ITS und der Deutschen Lufthansa AG. Kernkompetenzen: Multiprojektmanagement, Projektcontrolling, Strategieumsetzung, Geschäftsprozessmanagement, IT-Governance und Business Intelligence. Diverse Veröffentlichungen und Fachvorträge, u.a. zu den Themen Projektportfoliomanagement, Balanced Scorecard und Business Process Performance.

Artikel:
3.02 Programmorientierung (Programme orientation)
3.03 Portfolioorientierung (Portfolio orientation)

Anschrift:
BonVentis GmbH
Alte Schulstraße 100, 40764 Langenfeld
E-Mail: joerg.seidl@bonventis.de

Prof. Dr.-Ing. Konrad Spang

studierte Bauingenieurwesen an der Universität Stuttgart und promovierte nach einer mehrjährigen Tätigkeit in der Bauindustrie im Rahmen seiner Forschungs- und Beratertätigkeit an der ETH Lausanne/Schweiz. Nach 5 Jahren Tätigkeit als Projektleiter und Bereichsleiter im Tief- und Verkehrsbau in Ingenieurbüros war er ab 1993 als Projektmanager und gesamtverantwortlicher Projektleiter großer Infrastrukturprojekte tätig. 2002 nahm er einen Ruf an den neu gegründeten Lehrstuhl für Projektmanagement an der Universität Kassel an. Als erfahrener Praktiker mit langjähriger Führungs- und Projekterfahrung verbindet Prof. Spang nun Praxis und Theorie in idealer Weise miteinander. Neben Lehre und Weiterbildung im Projektmanagement in breiter fachlicher Ausprägung ist er in vielfältigen Forschungs- und Beratungsprojekten tätig. Der fachliche Schwerpunkt liegt dabei bei Bauprojekten mit Schwerpunkt Infrastruktur und im Automotivebereich. Besondere Themen sind Risiko- und Schnittstellenmanagement, partnerschaftliche Projektabwicklung, Projektoptimierung und internationales Projektmanagement, die sich auch in zahlreichen nationalen und internationalen Publikationen sowie Kongressvorträgen wieder finden.

Artikel:
1.04 Risiken und Chancen (Risc & opportunity)
3.07 Systeme, Produkte und Technologie (System, products & technology)

Anschrift:
Lehrstuhl für Projektmanagement / Universität Kassel
Heinrich-Plett-Str. 40, 34109 Kassel
E-Mail: spang@uni-kassel.de

Roland Straube

arbeitet als Mediator und Strukturberater. Er war unter anderem 14 Jahre als Leiter des Multiprojektmanagements und als Personalleiter für eine non-profit-Organisation tätig, bevor er die Seiten wechselte, um Teams und Führungskräfte bei der Lösung von Konflikten und bei der strukturellen Gestaltung von Arbeitsprozessen zu unterstützen. Neben den bekannten und von ihm erweiterten systemischen Techniken setzt er ein neu entwickeltes Verfahren zum Bedürfnisausgleich ein, um gründliche und nachhaltige Veränderungen zu erreichen. Ziel und Ergebnis ist dabei die Sicherung oder Wiederherstellung von Arbeitsfähigkeit. Roland Straube ist vom Bundesverband Mediation anerkannter Mediator und Ausbilder für Mediation (BM).

Artikel:
2.12a Konflikte (Conflict)
2.12b Krisen-Projektkrisen (Crises)

Anschrift:
Hermannstraße 36, 18055 Rostock
E-Mail: info@straube-mb.de

Uwe Techt

Unternehmensberater und Geschäftsführer der VISTEM GmbH & Co. KG. Er ist seit über 15 Jahren in Industrieunternehmen und in Organisationen des öffentlichen Sektors tätig. Seine (Führungs-) Erfahrungen sammelte er während seiner Tätigkeiten als Geschäftsführer und Vorstand in verschiedenen Beratungsunternehmen sowie als Leiter Projektmanagement in der Bahnindustrie. Im Jahr 1997 war er Initiator des „Deutschen Projektmanagement Award" der GPM und ist im Beirat für den „Deutschen Project Excellence Award" aktiv. Die Theory of Constraints hat er bei Oded Cohen und Dr. Eliyahu M. Goldratt kennengelernt. Uwe Techt realisiert seit Jahren erfolgreiche ToC- und CCPM-Projekte. Er ist Fachautor für Projektmanagement-Themen und Autor der Bücher „Goldratt und die Theory of Constraints" und „Critical Chain – Beschleunigen Sie Ihr Projektmanagement" (Uwe Techt/Holger Lörz).

- **Artikel:**
  1.23 Critical-Chain-Projektmanagement
- **Anschrift:**
  VISTEM GmbH & Co. KG
  Kettelerstraße 16a , 64646 Heppenheim
  E-Mail: uwe.techt@vistem.eu

Dr. David Thyssen

Dipl. Päd., studierte mit den Schwerpunkten Erwachsenenbildung und Wirtschaftslehre in Köln, Münster und Leiden (Niederlande), Promotion in Wirtschaftswissenschaften an der Universität Bremen. Er verfügt über mehrjährige Erfahrung im Personal- und Prozessmanagement und begleitete Personal- und Organisationsentwicklungsprojekte, wie die Implementierung eines Karrieremodells bestehend aus Fach-, Führungs- und Projektlaufbahn oder die Entwicklung von Qualifizierungs- und Zertifizierungsstandards. Er führte mehrere Jahre die Projektbüros und verantwortete die Projektsupportprozesse und das Ressourcenmanagement des IT-Projektgeschäfts der Postbank. Heute: Unternehmensberater mit dem Schwerpunkt projektorientiertes Management. Seine Freizeit verbringt er mit Radreisen, Segeln und Skifahren.

- **Artikel:**
  3.01 Projektorientierung (Project orientation)
  3.05 Stammorganisation (Permanent Organisation)
- **Anschrift:**
  Dr. Thyssen Unternehmensberatung
  Heidehofweg 6, 50858 Köln
  E-Mail: kontakt@davidthyssen.de

Johannes Voss

Dipl.-Ing. (FH), Geschäftsführer und Gesellschafter des auf Projektmanagement, Büromanagement und Organisationsentwicklung spezialisierten Beratungs- und Trainingsunternehmen VOSS CONSULTING GbR in Ochsenfurt und München. Studium der Holztechnik, langjährige Projekt- und Führungserfahrung in Industrieunternehmen zuletzt als Technischer Leiter und Prokurist. Zertifizierter Senior Projektmanager (GPM / IPMA) und zertifizierter Projektmanagement-Trainer (GPM), Fach- und Sachbuchautor sowie Leiter der Regionalgruppe Würzburg-Schweinfurt und Sprecher der Fachgruppe ProjektPersonal der Deutschen Gesellschaft für Projektmanagement e.V. (GPM). Lehrbeauftragter im Fach Projektmanagement an der Dualen Hochschule Baden Württemberg in Stuttgart und Mosbach. Beratungs- und Trainingsschwerpunkte Projektmanagement, Team- und Führungskräfteentwicklung.

- **Artikel:**
  2.04 Durchsetzungsvermögen (Assertiveness)
- **Anschrift:**
  VOSS CONSULTING GbR
  Tückelhäuser Str. 10, 97199 Ochsenfurt
  E-Mail: info@voss-consulting.de

Reinhard Wagner

Vorstand PM-Forschung und Facharbeit der GPM Deutsche Gesellschaft für Projektmanagement e.V. Studium der Elektrotechnik und Betriebswirtschaftslehre in Deutschland und den USA. Mehr als 15 Jahre Berufserfahrung im Engineering mit Schwerpunkt in der Automobilindustrie. Dozent für Systems Engineering und Projektmanagement an der Hochschule Augsburg. Autor von mehr als 40 einschlägigen Publikationen sowie Referent auf nationalen wie internationalen Tagungen. Als Trainer, Berater und Coach für namhafte Unternehmen im In- und Ausland auf dem Gebiet des Projektmanagements tätig. Entwickelt maßgeblich nationale (u.a. DIN 69901) wie internationale Standards (ISO 21500) sowie Methoden und Tools für das Projektmanagement weiter. Engagiert sich in zahlreichen Studien sowie Forschungsprojekten und bei der Vorbereitung bzw. Durchführung von Fachveranstaltungen, wie z.B. die InterPM oder das PMForum.

Artikel:
1.00a Projekte, Projektmanagement und PM-Prozesse
3.07 Systeme, Produkte und Technologie (Systems, products & technology)

Anschrift:
GPM Deutsche Gesellschaft für Projektmanagement e.V.
FrankenCampus, Frankenstraße 152, 90461 Nürnberg
E-Mail: r.wagner@gpm-ipma.de

Gernot Waschek

Dipl.-Ing., Studium des Wirtschaftsingenieurwesens an der TU Berlin. Einführung der Netzplantechnik bei der Robert Bosch GmbH (Stuttgart) für den gesamten Konzern. 30 Jahre Anwender und Förderer von Projektmanagement im Datenverarbeitungsbereich der Deutschen Lufthansa AG (Frankfurt) in verschiedenen Positionen. Seit 1994 freiberuflicher Berater. Gründungsmitglied des heutigen „Arbeitsausschuss Projektmanagement" im DIN und seit 1972 dessen Obmann. In dieser Zeit erschienen die Normen DIN 69900 bis 69905 über Projektwirtschaft/Projektmanagement, abgelöst 2009 durch DIN 69900 (neu) und 69901, Teile 1-5. Mitarbeit bei ISO 10006 „Guidelines for quality management in projects". Zur Zeit auch bei ISO 21500 „A guide for project management". Bei der GPM Geschäftsführer von PM-ZERT in dessen Aufbauphase, Mitentwickler des Diagnosesystems PM DELTA bzw. des neuen Reifegradmodells. Heute Ehrenmitglied, Kurator, Leiter der Fachgruppe PM-Normung und Leiter der Region Frankfurt.

Artikel:
1.00a Projekte, Projektmanagement und PM-Prozesse
1.21 Normen und Richtlinien

Anschrift:
Projektmanagementberatung Waschek
Westendstr. 7a, D-63322 Rödermark
E-Mail: gernotwaschek@t-online.de

Kurt E. Weber

Dipl.Ing., selbständiger Rechtsanwalt mit Schwerpunkt Vertragsrecht, Vertrags- und Claim Management, Bau- und Industrieanlagenbau. Vor der Tätigkeit als Rechtsanwalt 12 Jahre Praxis als Projektingenieur und Projektmanager. Seit 25 Jahren Mitglied der GPM Deutsche Gesellschaft für Projektmanagement e.V., 6 Jahre Kuratoriumsmitglied. Koautor des Buchs „ProjektManager". Justiziar der GPM.

Artikel:
1.14c Vertragsrecht in der Projektarbeit

Anschrift:
Kanzlei Dipl.Ing. Weber
Am Hagen 2, 83336 Chieming
E-Mail: kanzlei-weber@t-online.de

Erwin Weitlaner

Ing., zertifizierter Projects Director (IPMA Level A), Project Director, Siemens cert. ist seit 1982 bei der Siemens AG in verschiedenen Funktionen im In- und Ausland tätig. Von Mitte 1999 bis März 2006 Geschäftszweigleiter für Turnkey-Elektrifizierungsprojekte im Geschäftsgebiet Electrification des Bereichs Transportation Systems sowie Projektmanagement-Coach in diesem Geschäftsgebiet. Seit 2006 Leitung der Stabstelle Projektmanagement im Sektor Industry, Division Mobility.

Artikel:
1.02 Interessengruppen/ Interessierte Parteien (Interested parties)

Anschrift:
Siemens AG, I MO AC PM
Werner-von-Siemens-Str. 67, 91052 Erlangen
E-Mail: erwin.weitlaner@siemens.com

Eberhard Will

hat Politikwissenschaft sowie im Studium Generale ergänzend BWL, Jura und Soziologie in Frankfurt/M. und Berlin studiert und das Studium als Dipl. Pol. abgeschlossen. Über Stabs- und Leitungspositionen in Wirtschaft und öffentlicher Verwaltung führte sein Weg in die Geschäftsführung einer Ingenieurgesellschaft für Bau-Projektmanagement. Innerhalb von zehn Jahren wurde dort ein Bauvolumen von umgerechnet über € 500 Mio. im Auftrag öffentlicher und privater Bauherren in unterschiedlichen Vertragsformen betreut. Gleichzeitig wurde die PM-Kompetenz der Gesellschaft systematisch weiterentwickelt und der Autor entdeckte die Freude am PM-Training und dem Coachen von Projektleitern und Teams. Seit 1994 zertifizierter Projektmanagement-Trainer der GPM. Mehrfach Best-In-Class der GPM sowie Assessor für den Deutschen PM-Award. Zertifizierter Trainer für die IPMA-Level D-A. Seit 1997 selbständiger PM-Trainer und Consultant in den Bereichen IT/Telekommunikation, Fahrzeugbau, Anlagenbau, seit 1999 als geschäftsführender Gesellschafter der projektpartner management gmbh. Mannheim.

Artikel:
2.03 Selbststeuerung (Self-control)

Anschrift:
projektpartner management gmbh
Friedrich-Koenig-Str. 3-5, 68167 Mannheim
E-Mail: office@projektpartner.de

Maren Windus

Dipl.-Kauffrau und zertifizierte PMP, Jahrgang 1964, hat bis 1999 in der Personal- und Organisationsentwicklung einer großen Hamburger Versicherung gearbeitet und war dort verantwortlich für die Einführung von Personalentwicklungssystemen. Nach mehrjähriger Tätigkeit als freiberufliche Beraterin für Führungskräfte und Teams arbeitet sie seit 2005 als Beraterin bei der Consensa Projektberatung GmbH & CoKG. Ihr Haupttätigkeitsfeld ist die Weiterentwicklung und Durchführung der unternehmenseigenen Ausbildung „Prozesskompetenz im Projekt", die sich vor allem an Projektleiter, Mitarbeiter in Projektbüros, interne Berater u.ä. richtet. Außerdem berät sie Unternehmen aus dem Profit- und Non-Profit-Bereich bei der Durchführung ihrer Projekte.

Artikel:
3.08 Personalmanagement (Personnel management)

Anschrift:
CONSENSA Projektberatung GmbH & Co. KG
Sankt Pauli Fischmarkt 20, 20359 Hamburg
E-Mail: Maren.Windus@consensa.com

Urs Witschi

Dipl. Arch. ETH/ Betriebsing. NDS ETH, ist Unternehmensberater und geschäftsführender Gesellschafter der DRIFT Consulting GmbH mit Sitz in Baden (Schweiz). Nach einem Doppelstudium in Architektur und Betriebswissenschaften an der ETH Zürich und nach mehrjähriger Beratertätigkeit an der Stiftung BWI gründete er mit einem Partner die DRIFT Consulting, die sich auf Change Management, Projektmanagement und Coaching konzentriert und vom systemischen Ansatz geprägt ist. Nebst der Tätigkeit als Berater und Dozent in Organisationen und Hochschulen ist er (Mit-) Autor zahlreicher Publikationen – besonders zum Thema des komplexen Projektmanagement. Urs Witschi ist Mitglied des Vorstandes der Schweizerischen Gesellschaft für Projektmanagement (SPM).

Artikel:
2.14 Wertschätzung (Values appreciation)

Anschrift:
DRIFT Consulting G,bH
Theaterplatz 4, CH – 5400 Baden
E-Mail: urs.witschi@driftconsult.com

Dr. Ulrich Wolff

Doz. Dr.-Ing., Studium Bauingenieurwesen, Promotion an der Bauhaus-Universität Weimar, langjährige Bauleitertätigkeit, Universitätsdozent und Hochschullehrer für Betriebswirtschaftsinformatik und Projektmanagement, umfangreiche Projektleitererfahrungen mit Bau-,Organisations-, Forschungs-und Entwicklungsprojekten, (u.a. Neubau und Rekonstruktion Charite Berlin), diverse Fachbeiträge in Fachzeitschriften, Broschüren. Langjähriges Vorstandsmitglied der GPM, Projektleiter des Lehrgangs-Konzeptes „Projektmanagement Fachmann" und Mit-Herausgeber des Lehrbuches. Urassessor bei PM-ZERT.

Artikel:
1.09 Projektstrukturen (Project structures)

Anschrift:
Bauhaus Weiterbildungsakademie Weimar e.V.
Coudraystrasse 13 A, 99423 Weimar
E-Mail: ulrich.wolff@uni-weimar.de

Dr. Christoph Zahrnt

Nach dem Studium sowohl des Rechts als auch der Volkswirtschaft war Christoph Zahrnt, Jahrgang 1944, mehrere Jahre als Softwareentwickler und Einkaufsjurist in der hessischen Landesverwaltung tätig. Seit Ende 1977 ist er als Rechtsanwalt in den Bereichen IT-Vertragsrecht und öffentliches Beschaffungsrecht für IT-Leistungen tätig. Sein Schwerpunkt liegt in der Organisation des Vertragswesens von IT-Anbietern und von Kunden im IT-Bereich sowie in Seminaren dazu. Da es anfangs keine Bücher über IT-Vertragsrecht gab, hat Zahrnt erst einmal selber Fachbücher für diesen Bereich geschrieben. In den letzten Jahren hat er sich noch stärker der Praxis von Projekten zugewendet und schreibt zu Projekten im IT-Bereich, die auf der Basis von Verträgen durchgeführt werden. Zahrnt ist Mitglied in mehreren Aufsichtsräten von Softwarehäusern.

Artikel:
3.11 Rechtliche Aspekte (Legal)

Anschrift:
Wiesenbacherstr, 2, 69151 Neckargemünd
E-Mail: RA-Zahrnt@T-Online.de